フィンランド人は
なぜ「学校教育」だけで
英語が話せるのか

米崎 里 YONEZAKI Michi

AKISHOBO

すべてを含む教科書——はじめに

　読者の皆さんは、フィンランドと聞いてどんなイメージをお持ちだろうか。森と湖、オーロラ、サウナ、福祉国家、ムーミン、サンタクロース、マリメッコ……。最近では教育と答える方も多いのではないだろうか。私も最初は、前者のようなイメージしかなかった。北欧の国であり、首都がヘルシンキであることくらいはわかっていたが、その位置さえ正直あやふやだった。

　初めてフィンランドに行った頃、通貨はまだマルッカであり、その名前さえ恥ずかしいことに知らなかった。やがてフィンランドに魅了され、時間があれば旅行をするようになったが、フィンランドの外国語教育が自分の研究テーマになり、のちに論文を執筆することになるとは、当時夢にも思っていなかった。

　フィンランドがユーロを導入した翌年の2000年、経済協力開発機構（OECD）による国際的な生徒の学習到達度調査いわゆるPISAが実施され、フィンランドはご存知の通り、好成績の結果を残し、教育国として瞬く間に日本だけでなく世界中から注目を浴びるようになった。そのときでさえあまり気持ちは動かず、「ふーん、そうなんだ」くらいの印象だった。ただ本書中でも記しているが、どこへ行っても英語は通じた。観光業などに関わっている人はもちろんのこと、カフェやレストラン、スーパーマーケット、本屋さん、ガソリンスタンドなど、どこでもというと大袈裟かもしれないが、でもたいていは英語が通じるのだ。しかも皆親切で、何かしら心の余裕がある。こういうことは何が原因で、どこから来ているのだろうとは思っていた。

心が揺さぶられたのは、フィンランドの実際の授業を見たときと、教科書を見たときである。とりわけクラスサイズの小ささは衝撃的だった、というよりショックだった。何といい環境なのだろう！

さらに、分厚い教科書の中身を見たとき、小学校ながら学ぶ量の多さ、豊富な語彙《ごい》、多種多様なエクササイズやアクティビティに驚き、何よりその面白さに夢中になってしまった。そして意外にも文法、訳読といったいわゆる伝統的なエクササイズが多く含まれていた。さらにアウトプットする機会も多く提供されている。まさに、教科書１冊の中にすべてが含まれているという印象を抱いた。

日本はいよいよ2020年から小学校高学年に英語が教科として導入される。この時期であるからこそ、小学校だけではなく、今後中学校、高校での英語教育のあり方を考えるためにも、フィンランドの英語教育の実際を伝えたいと思うようになった。フィンランドの教科書のアクティビティやエクササイズの豊富さや面白さに共感してくれた友人たちと重ねてきた研究が、本書の土台になっている。

フィンランドの教育の中でも特に外国語教育に注目し、私がこれまでに蓄積してきた情報をできるだけ一般の方にもわかってもらえるように書いたつもりである。もちろん、個人的な体験や研究がもとになっていることはお断りしておきたい。

いま、日本の英語教育が大きく変わろうとしている。そんななかで、読者の皆さんにフィンランドの英語教育の中核に当たる部分を知っていただき、これからの日本の英語教育の方向性を一緒に考えていく一助となれば幸いである。

著者

もくじ

第1章

町のふつうの人がふつうに英語を話す

1 あるフィンランド人青年の英語力

I will fix it.

仕事などで英語を使わない、いわゆる一般のフィンランド人の英語を初めて聞いたのは、フィンランド北部にあるラップランド地方の小さな町で、おそらく自宅前庭のガーデンチェアに腰掛けていた青年の英語であったように思う（印象に残っているので初めてだと思い込んでいるだけかもしれないが）。ミレニアムに差しかかる1990年代後半当時、私と夫はレンタカーを借りてフィンランド北部を周遊していた。たしか地図で道を確認するために（そのときはカーナビ搭載の車ではなかった）路上に停車したのだと思う。そしてふたたび走りだそうとしたとき、ありえないことにバックしてしまい、彼のお宅の郵便ポストと接触してしまった。日本では郵便ポストは一戸建ての場合、壁付けが多いが、その郵便ポストは素敵な木製のスタンド型で、道路脇に建てられていた。

日本で車の運転には慣れていたはずなのに、よりによって海外で他人の郵便ポストに当ててしまうなんて。しかも発進とバックを間違えるなんて……。

「まずい……」

私と夫は急いで車から出ると、その青年に“We are sorry.”と謝った。彼はガーデンチェアから立ち上がり、私たちのほうに歩いてきた。眼鏡をかけ、少しシャイな印象だった。“It's OK. I'll fix it later.”と彼は流暢な英語を返してきた。

動揺していた夫と私は、本当にこちらで弁償しなくていいか確認して、もう一度謝り、そして青年の寛容さに感謝して車を発進させた。

当時、高校の教員をしていた私と夫は、フィンランド人のこの青年の寛容さに深く感心した。彼が話す英語にもだ。

「私らが教えている生徒とあまり年齢は変わらないよなあ。日本の生徒はとっさに“I'll fix it.”っていう英語、出てこないよなあ」

その後、フィンランド人の話す英語にはただただ驚かされることになる。これはまだ序の口だった。

たいていのフィンランド人が英語を話す

フィンランドという国にはもともと私よりも夫のほうが先に興味を持っていたのだが、初めて訪れて以来、この国にすっかり魅了された。当時の勤務先は、夏休みといえども補習授業や部活動の指導があったが、それでもお盆休みはとれたので、その時期によくフィンランドへ旅行した。

その年も1週間ほどの休みがとれたのでフィンランドへ行き、レンタカーを借りて周遊した。北部のイナリという小さな町に着き、ガソリンスタンドに立ち寄った。料金は併設されている店で支払うことになっており、50代くらいの女性店員が対応してくれた。初めはフィンランド語で話していたが、我々がフィンランド語がわからないと知ると、英語に切り替えてくれた。アクセント（なまり）があるかもなと一瞬構えたが、じゅうぶん理解できる英語だった。

そのとき思ったのは、日本で同じ状況がありえるだろうかということだ。観光地ではなく、地方の小さな町のガソリンスタンドに、外国人がやってくる。そこそこの年齢に達した店員さんが、相手が日本語を理解できないと気づき、英語に切り替える――。インバウンド・ツーリズムが加速している今の日本でも、なかなか難しいのではないか。まして90年代後半には今ほど地方に外国人がおらず、私には同じような状況は考えられなかった。

話を戻そう。とっさの英語の対応に、思わずその女性に尋ねてしまった。

「英語、じょうずですね。どこで学んだのですか？」

その女性は、あっけらかんと言った。

「学校よ」

「学校だけ？」

「そう。年配の人は話せない人もいるけど、たいていのフィンランド人は英語を話せるわよ」

この女性がたまたまかもしれないとそのときは思ったが、旅行をするたびに、フィンランドではどこへ行っても英語が通じた。観光業などで日常英語に関わっている人はもちろんのこと、子連れの主婦らしき女性、スーパーマーケットの店員さん、本屋の店員さん、長距離バスの運転手さん、カフェの店員さん、電車で隣になった女性など、機会があれば意図的に話しかけてみたのだが、個人差はあれ、いわゆるふつうの人でも英語が話せる。そして年々、フィンランド人の英語はじょうずになっている……そんな気がした。

✚ あなたは理科の先生だったのですか!?

私の大学、大学院時代の恩師である関西外国大学の伊東治己先生は、フィンランドの英語教育の第一人者だ。今も研究の面で多くの助言をいただいており、伊東先生の研究があったからこそ現在の私の研究が可能となっている。

ある年の3月、これもまだ高校で勤務していた頃、伊東先生が声をかけてくださり、フィンランドの学校を訪問する機会を得た。これまで旅行では何度も行っていたが、正式な学校訪問は初めてで、とても楽しみだった。伊東先生をはじめ、他の大学の先生や学生さんはすでにフィンランドに向けて出発していたが、私は学校がまだあったので遅れてフィンランドへ向かった。

到着後、幸いユバスキュラやタンペレという都市の小学校、中学校3校を訪問することができた。当時、日本の小学校に英語授業が導入されることは決定していたが、実施はこれからという時期だった。フィンランドの小学校の英語授業は、見るものすべてが新鮮だった。特に、フィンランド人の英語教員の英語力の高さ、また少人数によるクラスが印象的だった。小学校の先生といえどもほとんどが英語で堂々と授業を行なっており、見学したクラスはどこも15人以下だった。クラスサイズがあまりにも日本とちがう。もともとフィンランドの学校は少人数制なのだが、学校によっては英語のクラスに限ればさらに半分に分割するという。

訪問したひとつの小学校で、授業の見学後、質問の時間というか、ディスカッションする時間をいただいた。会議室のようなところに通され、机を囲み、右側に日本人、左側にフィンランド人の先生が座った。フィンランドにしては珍しく少し固い雰囲気だった。こういう時間が設けられるとは予想していなかったので、何の質問をしていいのかがどぎまぎしてしまった。

伊東先生はフィンランドの英語教育をよくご存知なので、ただニコニコして座っておられるだけで、質問やコメントは伊東先生以外の教員や学生優先という雰囲気だ。私はありきたりの質問だったが、

「フィンランドの英語教育の秘訣は何でしょうか」

とかなんとか聞いたように思う。我々を案内してくれた少し年配の男性教諭が、質問に答えてくれた（詳細は第3章で記す）。男性教員に付け足すように、机のいちばん端に座っていた、これまで一度も発言をしなかった最も若い女性教員が、最後に言った。

「フィンランドでは伝統的な英語授業が確立されており、私もそこで英語を学びました」

アクセントのない完璧な英語だった。

「先生も英語の先生ですか？」

と思わず聞いてしまった。

「いいえ、私は理科を専門としている教員ですよ」

えっ、理科？　英語ではない？　正直この若い女性の英語は、英語の授業担当者のそれより、そして私の英語より流暢な素晴らしいものだった。

この国の英語教育はどうなっているのだろうか。

この驚きが私の研究の直接的なきっかけとなった。

2 フィンランド人の75パーセントが外国語で会話できる!?

✚ 国際的に見たフィンランド人の英語力

では国際的に見たフィンランド人の英語力はどれほどのものであろうか。TOEFLのスコアがその国の英語力を示すとは限らず、ここでそのスコアを持ち出すのは個人的に少しためらいがあるのだが、それでも国際的な指標として今なお評価されているため、参考値として、最近のフィンランドのTOEFL iBTのスコアを見てみよう。

表1は2018年度のTOEFL iBT平均点の上位国一覧だ。

英語を公用語、第2外国語として使用している国、もしくは英語に近いインドヨーロッパ語族を母語に持つ国が上位を独占しているのに対して、フィンランドはウラル語を母語に持つ言語であるにもかかわらず、年によって若干の差はあるが、平均点が毎年95点前後となっており、上位国に入っている。

表1　2018年度TOEFL iBTスコア結果

	国・地域	リーディング	リスニング	スピーキング	ライティング	合計
1	アイルランド	24	26	26	25	101
2	オーストリア	24	26	25	24	100
3	オランダ	24	26	25	24	99
3	スイス	25	26	25	24	99
5	シンガポール	24	25	24	24	98
5	デンマーク	23	25	26	23	98
5	ドイツ	23	25	25	24	98
5	ベルギー	24	26	25	24	98
9	ルクセンブルク	24	25	25	24	97
10	エストニア	24	25	24	23	96
11	トリニダード・トバゴ	23	25	25	24	96
11	南アフリカ	22	24	26	24	96
13	フィンランド	23	25	24	23	95
13	カナダ	23	25	24	23	95
13	スロベニア	23	25	24	23	95
13	ニュージーランド	24	25	23	23	95
13	インド	23	24	24	24	95

出典：ETS（2018）

ちなみに外国語を学ぶうえでは、母語と、目標とする外国語の近さ、つまり言語的距離が、習得の進み具合の決定的な要因とされている（成田，2013：大谷，2010）。目標言語と母語に文法や語彙の共通点が多ければ多いほど、学習も楽になり比較的簡単に使えるようになるわけだ。もちろん、学習者の資質や学習環境も習得の要因となりうるが、言語差のない言語のほうが学習はやさしく、言語差が大きければ学習が困難であるということとは納得がいく。

表2は、大谷（2019）が作成した、アメリカ国防省の管轄であるForeign Language Instituteによる英語母語話者から見た諸言語の習得難易度の分類表だ。表からわかるように、ヨーロッパ諸国の言語は英語に非常に近い言語とされている。一方フィンランド語はカテゴリーⅣと記されており、英語とは言語的にも文化的にも非常に異質な言語だ。ちなみに日本語はカテゴリーⅤに分類され、その中でも英語の母語話者にはとりわけ困難な言語とされている。この表から、いかに我々日本人が英語を学習するのに時間がかかり習得するのが難しいかがわかる。

さてフィンランド人の英語力に話を戻そう。日本語よりは英語に近いけれども、フィンランド語は他のヨーロッパ諸国の言語よりは英語に遠い。そのフィンランド人のTOEFL iBTのスコア平均点は、毎年世界の上位国に入っている。フィンランド人の英語力はかなり高いといえよう。

別のデータからフィンランド人の英語力を見てみよう。１９６５年にスウェーデンで設立されたEF Education Firstは、オンラインによる英語テスト（ＥＦ英語能力テスト）を提供している。現在１００の国と地域が参加しており、リーディングとライティングのテストが無料

表2　英語母語話者から見た諸言語の習得難易度

カテゴリーⅠ	英語に非常に近い言語	デンマーク語、オランダ語、フランス語、イタリア語、ノルウェー語、スペイン語、スウェーデン語
カテゴリーⅡ	英語に類似した言語	ドイツ語
カテゴリーⅢ	英語とは言語的、もしくは文化的に異質な言語	インドネシア語、マレーシア語、スワヒリ語
カテゴリーⅣ	英語とは言語的、もしくは文化的に非常に異質な言語	チェコ語、フィンランド語、ギリシャ語、アイスランド語、ポーランド語、ロシア語、トルコ語など
カテゴリーⅤ	英語の母語話者には極端に困難な言語	アラビア語、中国語、日本語*、朝鮮語 ＊日本語はとりわけ困難な言語

出典：大谷（2019）

で受けられる。オンラインで受験すると、その場で自分のテスト結果が「ヨーロッパ共通言語枠基準（CEFR）」に準じて示される。

２０１９年度の結果によると、上位国は、TOEFL iBTと同様、英語を公用語としている国や、インドヨーロッパ語族の国が上位を占めている。その中でフィンランドは7位と健闘しており（表3）、「非常に高い英語力」とされている。

TOEFL iBTやEF英語能力テストは、学生や社会人を対象としており年齢層が比較的高い。少しデータは古くなるが、Bonnet（2002）によるヨーロッパ8カ国の中学生の英語力を比較した調査がある。その結果を表4に示す。このテストにはスピーキングテストは含まれていないが、中学校3年生を対象としているため、学校における英語教育の成果がより反映されているといえよう。フィンランドは8カ国中3位だった。フィンランド以外の参加国は、ほとんどが表2のカテゴリーIに属し

表3　EF英語能力テスト上位12カ国

順位	国名	スコア
1	オランダ	70.27
2	スウェーデン	68.74
3	ノルウェー	67.93
4	デンマーク	67.87
5	シンガポール	66.82
6	南アフリカ	65.38
7	フィンランド	65.34
8	オーストリア	64.11
9	ルクセンブルク	64.03
10	ドイツ	63.77
11	ポーランド	63.76
12	ポルトガル	63.14

出典：EF Education First（2019）

ており、英語と近い関係の母語の国だ。フィンランドの中学生の英語力はかなり健闘しているといえよう。

✚ フィンランド人の英語力に対する自己評価は高い

フィンランド人自身は自分の英語力をどのように評価しているのだろうか。European Commission（2012）の調査によると、フィンランド人の75パーセントが「会話をするのにじゅうぶんなレベルの外国語が少なくともひとつある」と答えている。同調査のEUの平均は54パーセントだから、これはかなり高い。ただこの調査での外国語が何語を指しているかは不明なので、もう少し英語に特定した調査のデータを紹介する。

Leppänen et al.（2011）は、15歳から79歳までのフィンランド人を対象に、自身の英語力に対する評価の調査を行

表4　ヨーロッパ8カ国　中学校3年生英語力国際比較結果

	リスニング	文法	リーディング	ライティング	総合
ノルウェー	73.26	66.36	82.03	56.30	69.49
スウェーデン	71.18	64.23	85.88	55.39	69.17
フィンランド	59.65	67.59	80.29	47.70	63.81
オランダ	61.63	65.00	77.47	46.04	62.54
デンマーク	64.77	53.95	78.32	46.17	60.80
スペイン	38.33	58.75	63.57	23.41	46.02
フランス	30.60	48.01	56.84	14.55	37.50
ドイツ	調査対象外				

出典：Bonnet (2002)

なった。この調査では「スピーキング力」「リスニング力」「リーディング力」「ライティング力」の4つの技能に関して、「スラスラと（fluently）」「まずまず（fairly）」「適度に（moderately）」「少し困難（with difficulty）」「数語（a few words）」「まったくできない（not at all）」の6つの選択肢を設け、各技能に対して参加者に自己評価を促している。結果を図1〜4に示す。

この調査では、スピーキング力において「スラスラと」「まずまず」「適度に」を選択した人が全体の約6割を占めている。他の技能に対する結果もおよそ同じ割合となっている。

調査対象のなかで比較的年齢の高い層は、スピーキング力、リスニング力、リーディング力、ライティング力によって若干異なるが「数語」「まったくできない」を選択したのは全体の55〜62パーセントとなっており、「スラスラと」もしくは「まずまず」を選択したのは7〜10パーセントだ。一方、年齢が比較的若い層においては、「数語」「まったくできない」と回答したものは1〜3パーセントであり、「スラスラと」「まずまず」と回答したものは54〜72パーセントとなっている。

フィンランドでは若い人のほうが、かなり英語を使えることがこの調査から読み取れる。

フィンランド人は自己顕示欲が弱いと言われるが、そこから推しても、若者の英語力の自己評価の高さは注目に値する。

図1　フィンランド人の英語スピーキング力自己評価

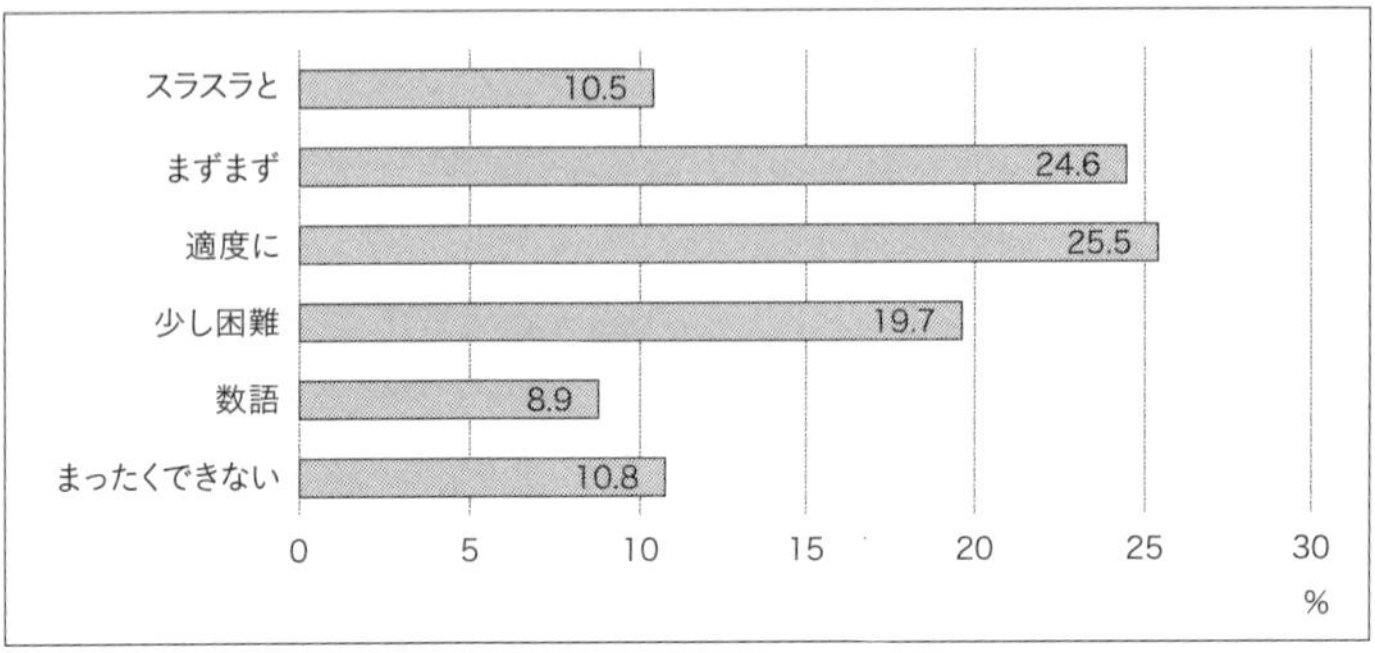

図2　フィンランド人の英語ライティング力自己評価

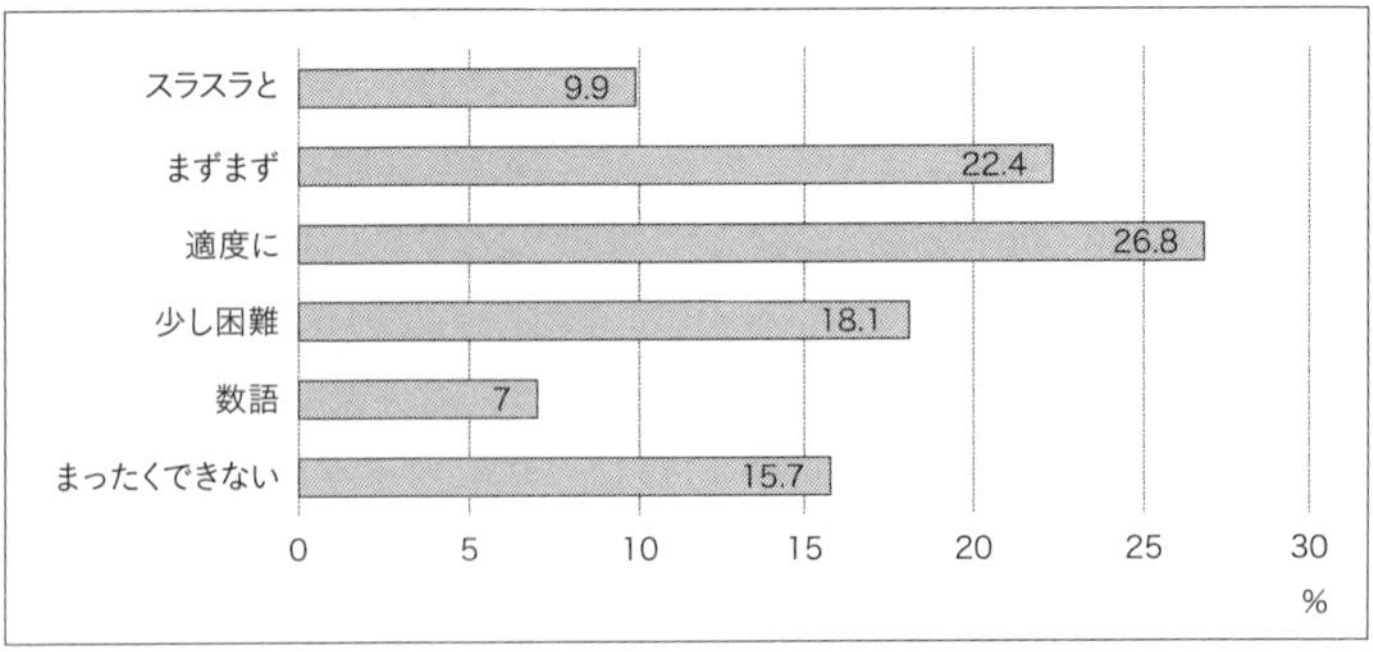

図3　フィンランド人の英語リーディング力自己評価

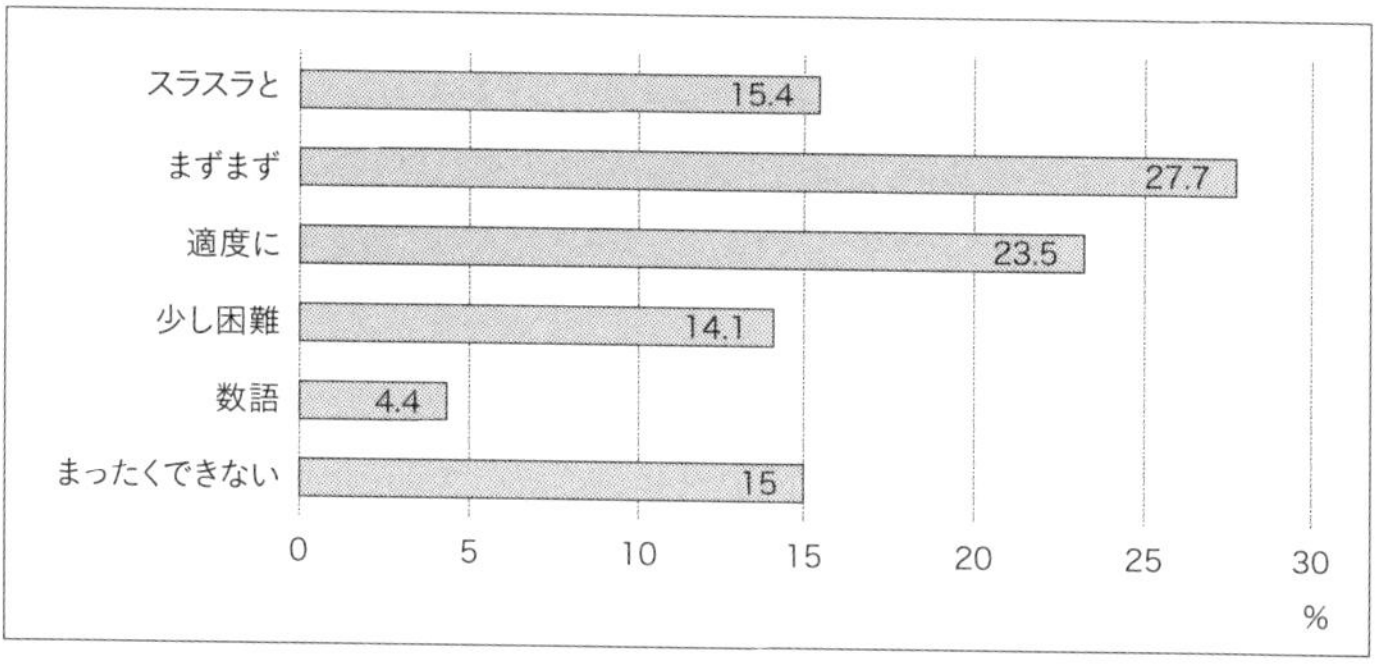

図4　フィンランド人の英語リスニング力自己評価

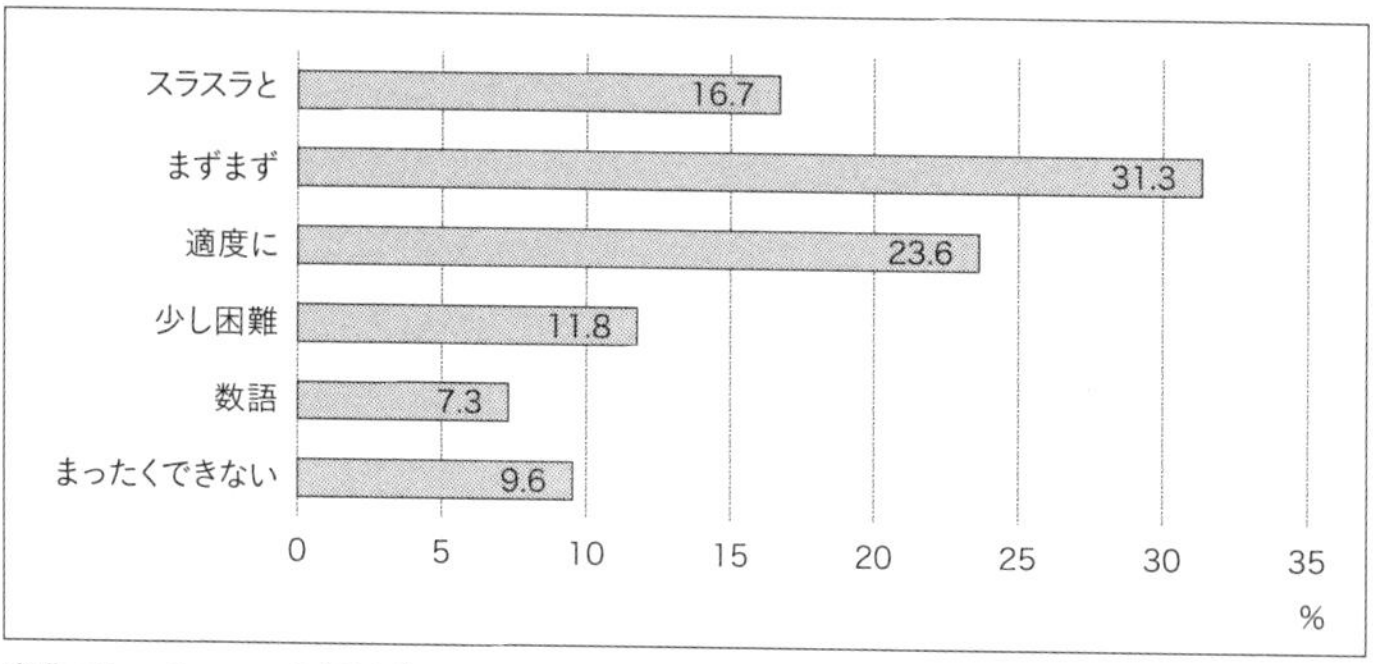

出典：Leppänen et al. (2011)

第2章

フィンランドもかつては文法重視、訳読重視だった

1 フィンランドの60年代、70年代の教科書

✚ What is this? It is a book.

現在フィンランドの教科書は、日本の学習指導要領に当たるナショナルコアカリキュラム（FNBE : Finish National Board of Education, 2014）の目標に沿って作られているが、日本のように検定教科書制度はない。したがって、日本ほど制約はなく、教科書は、執筆者の裁量で作成されており、日本の教科書ではありえないような題材や内容が見られ、思わずクスッと笑ってしまうものもある。中学校や高校の教科書は、写真がふんだんに使われており、リアリティがある。またイラストやデザインもフィンランドらしく、見ていて楽しく、おしゃれな感じがあり、学びたいと思わせるような教科書の構成になっている。

しかしながら、60年代、70年代に使われていた教科書は、およそ現代の教科書とはほど遠いものだったという。

当時はフィンランドでも文法訳読法（Grammar Translation Method）と呼ばれる教授法が主流で、いわゆる外国語を母語に（または母語を外国語に）翻訳することや文法学習が中心であった。

私が高校生の頃は、ちょうど外国語指導助手（ALT）が学校に配置されはじめ、コミュニケーション重視の英語教育に変わってきた時代だったにもかかわらず、高校の授業ではほとんどが文法、訳読の授業だったように思う。さらに、現在でさえ、私の教えている学生のなかには、学校でどのような英語の授業を受けてきたかと尋ねると、教師が英文の意味や文法を解説し、それで終わりだったという学生も

60年代に使われていた教科書
English with Bob（p. 9）より

いて、驚くことがある。

さて、60年代のフィンランドで使われていた教科書を開くと、Kouluhallituksen hyväksymä というフィンランド語が目に入る。これは、現在のフィンランド国家教育委員会（Finnish National Board of Education）によって認められたもの、いわゆる検定教科書という意味である。かつてこの国も検定教科書制度がとられていたのだ。

フィンランドでは60年代、外国語といえばまずスウェーデン語で、第2外国語として英語が教えられていた。しかも全員が英語を学べるわけではなく、図1にあるように、小学校4年生終了時に、グラマー・スクール（Grammar School）と呼ばれる進学をめざす学校に合格した児童・生徒のみが、入学後に外国語学習が可能だった。[1] したがって60年代にグラマー・スクールに通っていなかったフィンランド人のなかには、学校で英語を学んでいない人もいる。

60年代に使われていた教科書 *English with Bob*（オタバ社：Otava）の最初のレッスンは、前ページの写真にあるように、本のイラストと What is this? It is a book. という英語で始まっている。その次にテーブルのイラストと What is this? It is a table. という英語が続く。同じように椅子、家をめぐる英語が続いていく。

あれ、どこかで見たことがあると思われた読者もいるのではないだろうか。今の若い人は

図1　フィンランドの1950年代の教育制度

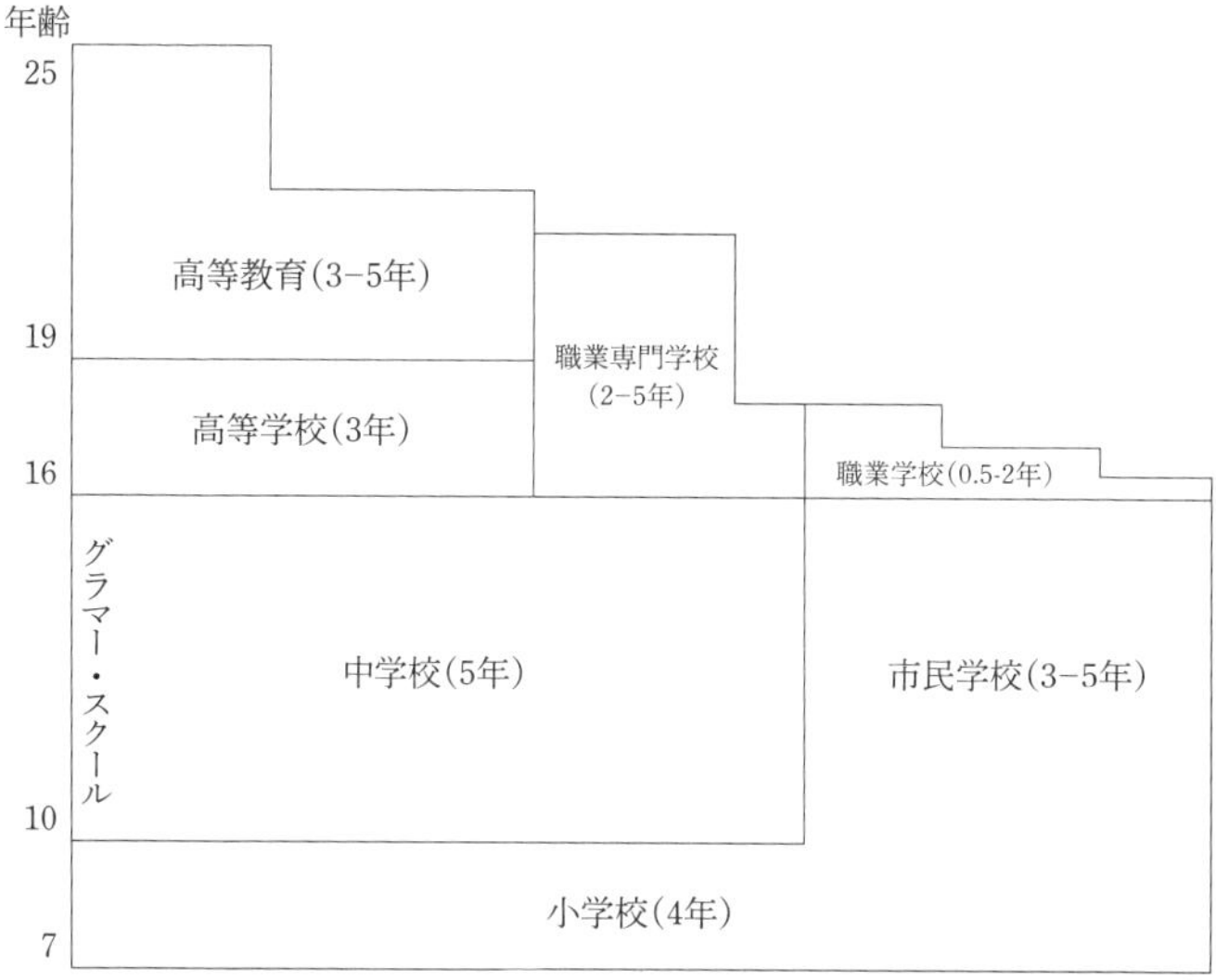

出典：Risku (2014)

想像がつかないかもしれないが、かつて日本の中学校英語教科書にも同じような英文が学習の始めに使われていた。日本の場合はWhat is this? It is a pen.だったように思う。

このような英語は、今はもう古典的で、見ればわかるだろうと笑い話にさえ使われている。本来は「これは英語でなんと言うのか」と聞くべきで、What is this called in English? とすべきである。その答えはIt is called a book in English. となる。フィンランドでもこのような形式の英文が60年代当初の教科書に使われていたのだ。

✚ 本物の英語が欲しい……――教科書の落書き

左の写真は、私の友人であり、研究でも大変お世話になっている元タンペレ大学教授のリーッタ・ヤーティネン（Riitta Jaatinen）さんのお兄さんが使っていた小学校教科書 *Koululaisen Englanninkirja*（オタバ社）からの抜粋だ。ちなみに教科書のタイトルは『学校英語の本』という意味。お兄さんの名前はユハニ・ヤーティネン（Juhani Jaatinen）さんといい、10年前に他界されたのだが、リーッタさんは、お兄さんが使われた教科書を今でも大切に持っておられ、今回貴重なその教科書を借りることができた。

まず目に入ってくるのは、ユハニさんが描いた落書きである。ドラムを演奏している絵には色も塗られている。読者の皆さんは、これが何の絵を指すかおわかりだろうか。この時代、一世を風靡《ふうび》したビートルズのイラストだ。描かれた人物はドラマーだからリンゴ・スターだろう。ユハニさんはビートルズが大好きで、よく彼らの音楽を聴いていたそうだ。

彼のこの落書きのメッセージは何だろうか。リーッタさん曰く、この時代の英語の授業は文法、訳読が中心で、おそらくユハニさんはその授業が退屈だったのだろう。だから授業中、大好きなビートルズの絵を描き、退屈しのぎをしていたのではないか、と。別のページには、

My Generationという単語がドラムとともに書かれていた。この時代にThe Whoというイギリスのロックバンドがが My Generationという曲をリリースしている。おそらく、それを示唆したものだと思うが、ユハニさんが、自分たちの世代はポップカルチャーを好み、授業でもポップカルチャーのようなauthentic（本物）な教材を使って英語を学びたいんだと訴えてい

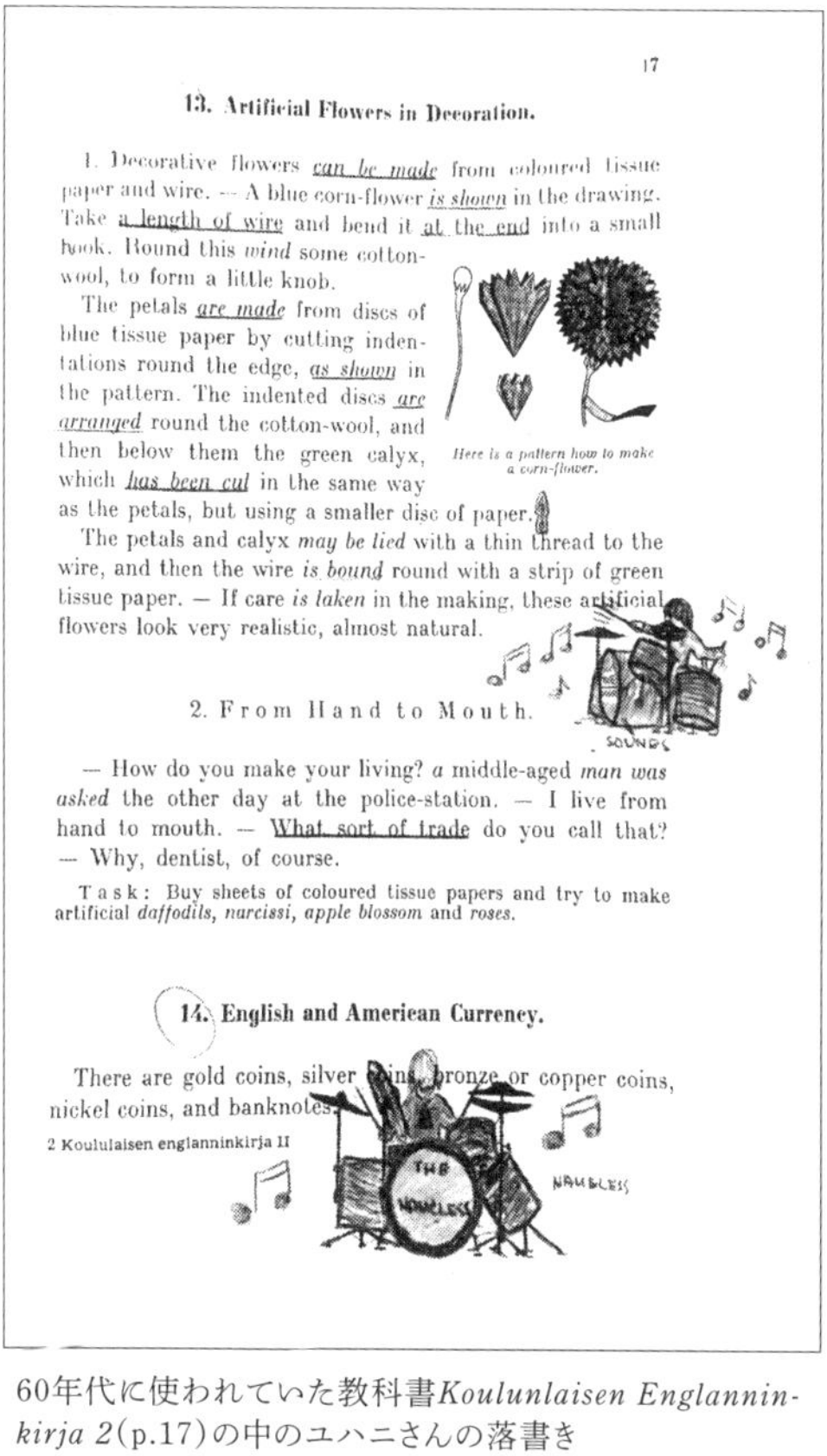
17

13. Artificial Flowers in Decoration.

1. Decorative flowers *can be made* from coloured tissue paper and wire. — A blue corn-flower *is shown* in the drawing. Take a length of wire and bend it at the end into a small hook. Round this *wind* some cotton-wool, to form a little knob.

The petals *are made* from discs of blue tissue paper by cutting indentations round the edge, *as shown* in the pattern. The indented discs *are arranged* round the cotton-wool, and then below them the green calyx, which *has been cut* in the same way as the petals, but using a smaller disc of paper.

Here is a pattern how to make a corn-flower.

The petals and calyx *may be tied* with a thin thread to the wire, and then the wire *is bound* round with a strip of green tissue paper. — If care *is taken* in the making, these artificial flowers look very realistic, almost natural.

2. From Hand to Mouth.

— How do you make your living? *a* middle-aged *man was asked* the other day at the police-station. — I live from hand to mouth. — What sort of trade do you call that? — Why, dentist, of course.

Task: Buy sheets of coloured tissue papers and try to make artificial *daffodils, narcissi, apple blossom* and *roses.*

14. English and American Currency.

There are gold coins, silver coins, bronze or copper coins, nickel coins, and banknotes.

2 Koululaisen englanninkirja II

60年代に使われていた教科書*Koulunlaisen Englannin-kirja 2*(p.17)の中のユハニさんの落書き

るように思えた。

✚ 徹底した発音練習と訳読式授業

リーッタさんも同じような授業スタイルで英語を学んだはずで、あなたは教科書に落書きをしなかったのかと質問すると、

「私の場合は、教科書のイラストに色を塗っていたみたい」

と笑いながら答えてくれた。

英語の授業はどうだったかを尋ねてみたところ、

「英語は好きだった。ただ、教科書の内容がつまらなかった」

当時小学校5年生で外国語の学習が開始されたが、学習開始後の最初の3カ月は徹底的に英語の発音練習をさせられたらしい。フィンランド語と英語では異なる発音もあるため、国際発音記号（IPA: International Phonetic Alphabet）を使いながら、英語発音の練習を徹底的にやらされたそうだ。発音記号を見て正しく発音するだけでなく、その発音記号から単語を書くことも要求されたとのこと。徹底的な英語の発音練習を受けた後、文法と訳読式の授業に入っ

たという。今から振り返ると、教科書の内容はつまらなかったが、最初の時点で発音を正しく行なえるように訓練されたのは良かったとのことである。

左の写真は60年代に使用されていた教科書のなかから見つけた練習問題のひとつで、発音記号のみが記され、それを英語に直す問題だ。当時はテープなどの音源もないため発音記号

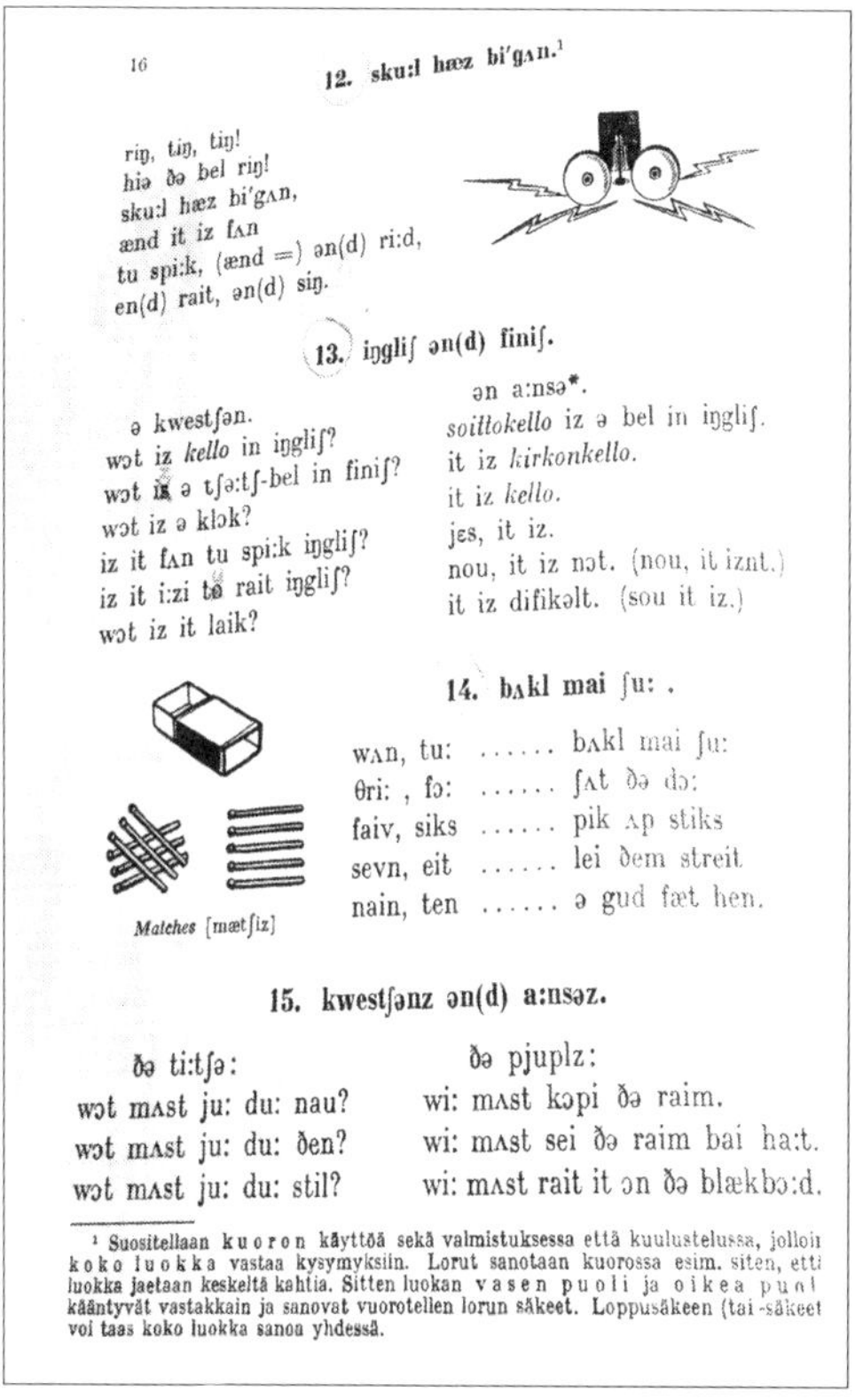
16

12. sku:l hæz bi'gʌn.[1]

riŋ, tiŋ, tiŋ!
hiə ðə bel riŋ!
sku:l hæz bi'gʌn,
ænd it iz fʌn
tu spi:k, (ænd =) ən(d) ri:d,
en(d) rait, ən(d) siŋ.

13. iŋgliʃ ən(d) finiʃ.

ə kwestʃən.
wɔt iz *kello* in iŋgliʃ?
wɔt iz ə tʃə:tʃ-bel in finiʃ?
wɔt iz ə klɔk?
iz it fʌn tu spi:k iŋgliʃ?
iz it i:zi tə rait iŋgliʃ?
wɔt iz it laik?

ən a:nsə*.
soittokello iz ə bel in iŋgliʃ.
it iz *kirkonkello*.
it iz *kello*.
jɛs, it iz.
nou, it iz nɔt. (nou, it iznt.)
it iz difikəlt. (sou it iz.)

14. bʌkl mai ʃu: .

wʌn, tu: ...... bʌkl mai ʃu:
θri: , fɔ: ...... ʃʌt ðə dɔ:
faiv, siks ...... pik ʌp stiks
sevn, eit ...... lei ðem streit
nain, ten ...... ə gud fæt hen.

Matches [mætʃiz]

15. kwestʃənz ən(d) a:nsəz.

ðə ti:tʃə:	ðə pjuplz:
wɔt mʌst ju: du: nau?	wi: mʌst kɔpi ðə raim.
wɔt mʌst ju: du: ðen?	wi: mʌst sei ðə raim bai ha:t.
wɔt mʌst ju: du: stil?	wi: mʌst rait it ɔn ðə blækbɔ:d.

[1] Suositellaan kuoron käyttöä sekä valmistuksessa että kuulustelussa, jolloin koko luokka vastaa kysymyksiin. Lorut sanotaan kuorossa esim. siten, että luokka jaetaan keskeltä kahtia. Sitten luokan vasen puoli ja oikea puoli kääntyvät vastakkain ja sanovat vuorotellen lorun säkeet. Loppusäkeen (tai -säkeet) voi taas koko luokka sanoa yhdessä.

Koululaisen Englanninkirja(p.16)の中の、発音記号から英語発音をするエクササイズ

の知識は重要で、発音記号を頼りにその単語を発音することが求められたのだろう。

ちなみにフィンランドでは、現在小学校で使われている教科書でも発音記号が記されている。新出単語の横には必ず発音記号があり、発音練習も授業ではよく行なわれている。また現在の教科書にも、60年代ほどではないが、与えられた発音記号から英語の単語に直す練習問題も見られる。

この60年代の教科書は、実はリーッタさんがタンペレ大学附属図書館から借りてきてくださったもので、持ち主は不明である。ただ、この教科書をパラパラとめくってみると、教師らしき人物によるメモ書きがあった。生徒に説明する箇所には下線部が引かれ、ときにはその箇所を説明するため別の英語が書かれていたり、他の用例の英語が記されていたり、本文の内容把握のために生徒に質問することも書かれていた。

教科書によって構成が異なるが、60年代の教科書に共通していえることは、時折、白黒の写真が差し込まれてはいるが、主に英文とシンプルなイラストだけが掲載されていて、そして何より英文の量が多い。なるほど、リーッタさんが、教科書がつまらないと言っていた意味がわかる。

同じく60年代のオタバ社による *English with Bob* の教科書には、英国のエリザベス2世女王とエディンバラ公フィリップ王の写真、同じく英国ロイヤルファミリーの写真、バッキンガム宮殿およびロンドンにあるトラファルガー広場、同じくロンドンの中心部に存在する街角ハイド・パーク・コーナーの写真が掲載されていた。異文化理解の対象となる主な国はイギリスであって、アメリカではない。ましてや英語を母語とする他の国や英語を第2外国語として使っている国の紹介は、60年代の教科書には見られなかった。

同教科書では歌詞も掲載されており、An English Song, The Bear's Song, Happy Birthday to You, The More We Are Together の4曲が紹介されている。リーッタさんに、歌はどのようにして歌ったのかと聞いたところ、歌は授業では扱われなかったという。もし授業で扱われていたなら、おそらくみんなアカペラで歌っていたのだろうとのこと。

リーッタさんによると、家で教科書の英語をフィンランド語に訳してくることが宿題で、授業では先生が教科書の本文の意味を説明し、ときには生徒に訳させ、教師が大事な文法項目の説明を行なっていたという。フィンランド語からの英訳も常にしていたそうだ。

リーッタさんが使用していた教科書には、本文に関するエクササイズやアクティビティは掲載されていなかったが、別の60年代に使用されていた教科書には、本文に関する質問（事実発問という。教師が行なう本文の内容に関する質問。質問の答えはテキストに書かれており決まっている）が載っていた。さらに、この時代でも本文内容の理解のための質問だけではなく、「あなたならどうしますか」など、個人の考えを問う質問があったのは興味深い。

2 英語授業改革への道のり

✚ 総合学校の設立——誰でも英語を学べる環境に

フィンランドで現在行なわれている英語教育に至った主な要因はいくつかあるが、そのひとつとして総合学校（comprehensive school）の設立が挙げられる。本節では総合学校が設立された経緯をまず簡単に紹介したい。

総合学校制度に対する最初の概念は１９３０年代にまでさかのぼるが、議論が表に現れたのは40年代、50年代だった。ただ政府与党内で案が上がっただけで、法案化までされなかったため、具体的な動きが始まったのは60年代になってからだ。

折しも、フィンランドでは、第二次世界大戦後、農業国家から工業国家への移行とともに、より教育を受けた労働者や技術者の必要性が高まっていた。さらにベビーブームが訪れ、豊かな生活を望む親が増えた結果、教育の重要性が認識されるようになった。

このような社会的背景のなか、70年代、フィンランドでは学校教育改革が行なわれた。1968年、フィンランド議会（国会）は、総合学校の設置案を可決し、義務教育法（the Basic Education Act）により、9年制の総合学校の設立が法制化された。これまでの学校教育制度は本章の29ページ図1にあるように、7歳で小学校に入学し、11歳で5年制の大学進学をめざすことを目的としたグラマー・スクールに進学するか、職業教育を目的とした3―5年制の市民学校（Civic School）に進むかを決めなくてはいけなかった。グラマー・スクールへ進学する場合は試験が課され、合格したものだけが入学を認められた。先にも述べたが、外国語を学べるのは、このグラマー・スクールへ入学を認められた児童だけだった。

総合学校の設立により、誰もが共通の教育を受ける権利を与えられることになった。ただこの改革は決して始めからスムーズにいったわけではなく、総合学校改革の実行期間とされる1972年から1977年の間、改革に向けてかなりの時間と予算が費やされたのだが（Risku, 2014）、設立に対しての抵抗もかなりあったようだ。興味深いことに、当時のグラマー・スクールは総合学校への教育制度改革に大反対だったという（Jaatinen & Saarivirta, 2014）。その理由としては、全員に同等の教育を与えることは資源の無駄であり、学門中心の学校と職業教育を中心とした学校がひとつになることは、フィンランドの教育の破綻につながるというものであった。

総合学校の設立に対しては多くの教育費用がかけられ、60年代には教育予算は国家予算全体の9・1パーセントだったが、1975年には16・9パーセントまで上昇した。

総合学校の設立は、抵抗が比較的少なく、改革が最も必要と考えられていたフィンランド北部から進められた。(2) しばらくは、旧学校制度と新学校制度が併行して運用されていたが、前者は1970年代に廃止された。

総合学校の設立とともに、これまで一部の児童・生徒にしか認められなかった外国語学習が、小学校児童全員に施されることになった。しかしながら、総合学校が設立されて間もない頃は、外国語学習は能力別に編成されていたという。やがてこれも1985年には廃止され、すべての児童が一般のクラスで学ぶことになった。

教員は修士の資格を持つ

総合学校の設立は、学校での英語の教え方にも大きな影響を与えた。教室のなかにはさまざまな学習レベルの児童・生徒が入り混じり、新たなカリキュラムの作成や教員養成の改革が急務となった。このことは、教員や研究者だけでなく、教育行政者らにとっても大きなチャレンジとなった。

それまでもフィンランドには外国語教授法という研究分野が存在していたのだが、1970年代の教育改革に伴い、これまでの研究分野に、諸科学分野（たとえば哲学、心理学、教育学、言語学、社会科学等）との関連も踏まえた研究が進められるようになった。

さらに、教員養成改革も進められた。これまではteacher collegesやセミナー（seminars）というういわゆる高等職業専門学校で養成されていたが、総合学校設立後は、大学（university）で養成されることになり、そして大学の教育学部のなかに教科教員養成学科が設立された。そして、この時期に、修士の資格を持つことが教員になる条件となった。70年代という世界的に見て比較的早い時期に、フィンランドでは理論と実践を踏まえた教員養成がめざされるようになった。そして現在でもフィンランドの教員養成課程では、理論と実践を結びつけた指導や調査研究を基盤とした教育が重視されている。

✚ 英語教授法の変遷――文法、訳読から音声重視へ

折しもこの時期に、新たな教育概念が海外からもたらされ、フィンランドの英語教育に影響を与えた。70年代までは、文法、訳読が学校での唯一の教授法であり、フィンランドでも読むことや、翻訳すること、文法規則を学ぶことが主な授業内容だったことは、前節で触れたとおりだ。具体的には、教師は母語で文法の解説や訳を行ない、児童・生徒は教師の指示に従い、問題を解き、間違えれば教師が訂正するという授業スタイルだ。

70年代の総合学校設立初期は、他の国と同様、フィンランドにおいてもオーディオリンガルメソッド（Audio-lingual Method）と呼ばれる教授法が外国語授業の主流となった。この教授法では、言語学習は習慣によって形成されるものとみなされており、反復練習やパターン・プラクティス（文型練習）を中心とした授業方法が取り入れられた。たとえば、教師が基本文"I like English."と言うと、生徒がそれを口頭でくり返す。教師が指示語（cue）を示すと、生徒はその指示語を基本文の該当箇所に入れる。たとえば指示語が"not"であれば、生徒た

ちは"I don't like English."と否定文に変換する。

(上)80年代に使われていた中学校英語教科書
You Too (3年分)
(下)その中の1ページ

✚ 英語教授法の変遷――コミュニケーションを重視した英語授業へ

オーディオリンガルメソッドでは、音声が重視されており、学習者は常に口頭で言語を発することが求められる。しかし、音声重視でありながら文法などの言語形式に重きが置かれ、ドリルや暗記が中心の機械的な練習にすぎなかった。したがって、オーディオリンガルメソッドでは、外国語が使える学習者の育成にはつながらないという批判がなされた。

やがてオーディオリンガルメソッドに変わって、言語をコミュニケーションの手段として教える教授法、コミュニカティブアプローチが編み出された。70年代後半から80年代にかけて、フィンランドでも、コミュニカティブアプローチが主流となり、学習者のコミュニケーション能力の育成を目的とし、言語形式より言語の意味や機能にも注目し、実際のコミュニケーションの場面で言語が使用できることを重視する考え方が広まった。

授業では、ペアワークやグループワークなど、生徒同士のやりとりを意識したタスクや活動にシフトしていった。

その結果、フィンランドでも、コミュニケーションをより重視した新しい教科書や教材が必要とされ、同時にこの新しい授業方法に対応するための教員研修が提供されるようになった。英語教師にとっては、この時期が英語授業のパラダイムシフトとなったわけである。児童・生徒も、授業で英語によるコミュニケーションを図り、話すことが求められるようになったのだ。

フィンランドで使われていた80年代の教科書（41ページ参照）を見てみると、60年代、70年代に使用されていた教科書と大きく異なっており、ひと目で時代が変わったのだということが実感できる。これまで文字ばかり並べられていた教科書に写真がたくさん使われ、教材にもauthenticity（本物らしさ）が感じられる。

80年代には、本文が掲載されている読本と、本文に関する練習やタスクが掲載されているワークブックの2冊が併用されるようにもなった。ワークブックは、練習問題やタスクの答えを紙面に書き込むことができるようになっている。

コミュニカティブアプローチは、フィンランドの英語授業の根幹となったわけだが、それでも80年代はまだ、個々の学習者の主体性を尊重するのではなく、言語学習プロセスそのものに関心が向けられていた時代だった。

英語教授法の変遷——異文化能力の育成へ

フィンランドは1995年にEU加盟国となってヨーロッパとの結びつきが一層強くなり、2000年にかけて学習者の多くは、第1外国語に英語を選択した。ちなみにフィンランドでは学校の裁量によるが、どの外国語を学ぶかを選択することができる。現在でも児童・生徒のなかには第1外国語に英語以外の外国語を選択するものもいる。

90年代、フィンランドの外国語教育に再び変革が起こる。人間が母語以外の第2言語を習得する過程を研究する分野である第2言語習得研究において、社会文化理論の考え方が入ってきたのだ。社会文化理論の考え方では、ことばと言語使用は文化的、社会的コンテクストから切り離して扱われることはできないものであり、そのため、コミュニケーション能力の育成には、言語を教えることだけを目標にするのはじゅうぶんでなく異文化能力(intercultural competence)の視点も重視されるようになった。コミュニケーション能力の育成は主に言語使用者の知識や能力に焦点が当てられるが、異文化能力は言語使用者の個人的社会的アイデンティティおよびその能力にも焦点が当てられる(Kohonen, 2006)。

Kaikkonen(2001)は、外国語教育は自分の母語と文化という殻から出る手助けをする役割があるとし、intercultural actors（異文化間に関わる担い手）として成長するために、学習者自身に、言語および文化の多様性を認識させることが大切であるとしている。そのため、教室ではできるだけ本物に近い教材を用いて、生徒に外国語を使う体験の機会を提供することが求められた。なぜなら、個人が外国語を使う体験を持つことによって、外国語学習に感情的に関わりを持つ（たとえば「外国語を使えた」「外国語が通じた」という喜びなど）ことができるからである（Jaatinen & Saarivirta, 2014）。

90年代に使用されていた教科書を見てみると、学習者に関する、あるいは学習者と他者をつなぐ英語による表現活動（production）が実に多くなっていることに気づく。教材をよりよく理解するためにも、対話方式の活動や、協同学習の要素が入った活動が増えている。

✚ 変革は一足飛びではなかった

以上、フィンランドの教育改革と社会変化が英語授業にどのように変革をもたらしたかを概観した。リーッタさんに言わせると、フィンランドの英語の授業の変革は一足飛びに起こったわけではなく、徐々に変化し、現在の英語教育に辿り着いたとのことだ。特に伝統的な文法、訳読重視の英語授業から抜け出すのには、時間がかかったらしい。

私がインタビューをした比較的若い先生のなかにも、自分たちが受けてきた英語の授業はさすがに文法、訳読だけではなかったけれど、やはり書くのが中心だったという先生がいた。かつて、フィンランドも文法、訳読重視の授業だったという事実、そして現在の授業に至るまでには時間がかかったという事実は、これからの日本の英語教育にもかなり示唆的なものがあるように思う。

注

（1）１９６３～１９６４年、小学校児童が外国語を学んだ割合は全体の13パーセント、そのなかで英語を学んだ児童は37パーセントである。また１９６７～１９６８年においては全体の42パーセントが外国語を学び、そのうち英語を学んだ児童は74パーセントとなっている。

（2）１９５０年のフィンランドの国勢調査によると、20歳以上の人口でまったく教育を受けていないものは全体の30パーセント、農村部ではさらに比率が高く35パーセントであった。そのため、比率が低い北部地方から改革が進められた。

第3章

驚きの小学校英語教育

——分厚いワークブック

1 フィンランドの小学校英語教育の概要

✚ 学習開始時期と学習時間

フィンランドでは2020年春学期より、小学校1年生から外国語が導入されることになった。それ以前は、小学校3年生からだった。しかし、ヘルシンキ市の小学校では先立って2019年秋学期より、すべての小学校で1年生から外国語学習を開始している。

多くの児童は外国語として英語を選択するが、他の外国語を選択することも可能だ。たとえば、ヘルシンキ市では、第1外国語として、スペイン語、中国語、北サーミ語（スカンジナビア半島およびロシアのコラ半島に住む先住民サーミ人の用いる言語）、フランス語、スウェーデン語、ドイツ語、ロシア語、エストニア語の選択を認めている。ただし、すべての学校でこれらの外国語が選択できるわけではなく、学校の裁量による。

授業時間数は小学校3年生から小学校6年生まで通常週に2時間ずつで、1コマにつき45

分となっている。英語の授業は、日本では小学校の担任が基本的に当たることになっているが、フィンランドでは、英語を教える資格を持った専科教員が対応している。インターナショナルスクールなどでは、英語ネイティブ教員が教えることもあるが、通常の小学校ではフィンランド人が教えており、日本のように外国人指導助手（ALT）が配置されることはない。

✚ 基礎教育ナショナルコアカリキュラムの方針

日本の学習指導要領に当たる、フィンランドの基礎ナショナルコアカリキュラム（FNBE, 2014）では、小学校1—2年生、小学校3—6年生、中学校1—3年生の3つの学年帯の区分があり、学年帯ごとに各教科の内容が示されている。

小学校3—6年生の英語教育の内容領域は、「文化の多様性・言語認識の育成」「言語学習スキル」「言語運用能力の発達、インターラクションスキル」「言語運用能力の発達、テキスト解釈のスキル」「言語運用能力の発達、テキストプロダクションスキル」となっており、それぞれの内容領域の目標が掲げられている（表1）。

表1　3－6年生の英語シラバスの教授目標

文化の多様性と言語認識の育成	
O1	児童の取り巻く環境や世界の言語的、文化的な豊かさに気づかせ、グローバルコミュニケーションの言語としての英語のスティタスに気づかせるよう導くこと。
O2	児童に自分の言語・文化的背景および世界における言語・文化的多様性に対して尊重を持ち、偏見なく人々と出会うよう導くこと。
O3	言語において類似点および相違点に気づかせ、言語的な推論能力を育成する支援を児童に与えること。
O4	英語による題材はたくさん手に入ることを児童に理解させ、適切な内容の題材と自分の学習を促進できるレベルを児童が選べるよう導くこと。
言語学習スキル	
O5	指導の目標を共に検討し、コミュニケーションを図り、協同で学習することが重要な役割を担うクラスの寛容な雰囲気を作ること。
O6	児童に自分の言語学習への責任を持たせ、ICT を使いながら自信を持って言語能力を使うよう促すこと。また学習者にとっていちばん適する言語学習の方法を見つける経験をさせること。
言語運用能力の発達、インターラクションスキル	
O7	さまざまなテーマ内容の状況の中で、児童にやりとりの練習をさせるよう指導し、またコミュニケーションにおいて一時的な中断の可能性があってもそれを継続するよう児童を促すこと。
O8	コミュニケーションを継続するためさまざまな方法を用いながら、コミュニケーションの状況を維持するよう児童を促すこと。
O9	多様な社会的状況の実施の機会を与えることにより、児童のコミュニケーションの文化的な適切さを支援すること。
言語運用能力の発達、テキスト解釈のスキル	
O10	意味理解のためのさまざまな方略を用いながら、さまざまな難易度の口語テキスト、文字テキストにたくさん取り組ませるよう導くこと。
言語運用能力の発達、テキストプロダクションスキル	
O11	さまざまな幅広いトピックに関するスピーチやライティングを行なう機会を提供し、基本的な文構造や発音に関する規則にも注意を払わせるよう指導すること。

出典：FNBE (2014)

フィンランドでは英語学習の初期段階から、言語学習スキルだけでなく、言語運用能力の発達も目標に掲げており、加えてアウトプットだけでなくじゅうぶんなインプットの必要性も目標に掲げているところが興味深い。

児童への外国語の指導に関して、小学1―2年生対応の基礎教育ナショナルコアカリキュラムには、「児童が自分の外国語能力に自信を持って使えるように指導する」(FNBE, 2014, p.715) と述べられており、そのためには大量のコミュニケーションプラクティス (abundant practice in communication) が必要であることが明記されている。さらに、「言語に関わる学習困難な児童に対してサポートを提供すべきであり、同時にすでにある程度の英語運用能力を備えている児童や外国語能力の高い児童に対しても課題を提供すべきである」(FNBE, 2014, p.715) としており、学習者の多様性への対応が見られる。

✚ 驚きのクラスサイズ

初めてフィンランドの小学校を訪問し、英語の授業を見学したとき、何より驚かされたのはクラスの人数だった。もともとフィンランドのクラスは20人前後だが、英語のクラスはさらに分割して行なわれることが多い。言語学習には少人数のほうが効果的との認識があるためだろう。したがって英語の授業は、大半が15人以下で行なわれている。学校によっては、さらに補助教員がつくこともあり、手厚い指導が行きわたる。日本のクラス人数とあまりにもちがう。日本の場合、授業見学を行なうと、1クラスの人数が多いため教室には余裕がなく、参観者は後方の限られたスペースに立ち、生徒たちの机の間を見て回ることもままならない。一方でフィンランドの場合、教室には余裕があり、使われていない机を借りて座ることもでき、机の間もゆったりしていて、生徒をまじかに見ることができる。

ちなみに、経済協力開発機構（ＯＥＣＤ）の資料（２０１９）によると、日本の小学校一クラスの平均は27人であり、一方フィンランドは20人だ。日本は加盟国の中で、チリ、イギリス（共に平均28人）に続きクラス人数が多い。日本のクラスサイズはこれでもひと昔前と比べると小さくなっているのだが。

クラス人数が少なければ、当然教師の目が行き届きやすく、児童の英語能力、学習状況なども把握しやすい。また英語活動においても、一人ひとりが発言する機会が増える。英語の授業では、ペアやグループワークを行なった後、その成果をクラスで発表するのが一般的だ。日本の場合は一部の児童が代表で行なうことが多いが、フィンランドでは全員の発表が可能である。

また少人数だからこそわからないことがあれば教師に質問しやすく、教師も一人ひとりの質問に答える余裕がある。教室では、ワークブックの問題に取り組んでいる間、児童が静かに挙手している場面が多く見られた。ときどき、早く来てもらいたくて、教師の名前を呼んだり、ジェスチャーを加えてアピールする児童もいる。そして教師は挙手している児童のところに行き、質問に答えたり、助言を行なう。

「英語でわからないことがあったら、どうしているの?」と小学校5年生の児童に聞いたところ、「そうねえ、教科書にヒントがあるか確認して、それでもわからなかったら授業で先生に聞くわ」と少しはにかみながらフィンランド語で答えてくれた（英語の先生が通訳をしてくれた）。

2　秘訣は教科書か？

✚ 教科書は読本とワークブック2冊の併用

フィンランドの英語教育の成功要因のひとつには教科書が挙げられる（伊東, 2006; 米崎・伊東, 2010; 伊東・高田・松沢・緑川, 2015）。フィンランドの教科書を初めて手にしたときの印象は、「分厚い」だった。そして「これは力がつくわ！」であった。本節では、教科書に着目し、なぜそう思ったのか、その理由を述べていきたい(1)。

フィンランドの教科書は無償で配布され、現在は、オタバ社（Otava）とサノマ・プロ社（Sanoma Pro）の2社が英語の教科書を出版している。日本と同様大学教員や現場の教員が複数で作成している。フィンランドでは、1980年代に検定教科書制度は廃止された。教科書は、ナショナルコアカリキュラムの目標に沿って作成することになっているが、日本の教科書と比べるとページ数の制限はなく、執筆者の自由裁量だ。

教科書は、いわゆる本文が掲載されている読本と、学習項目のエクササイズやアクティビティが含まれているワークブックの2冊併用となっている。読本は、レッスンごとにストーリー（本文）が掲載されている。読本の巻末にはフィンランド語から英語、英語からフィンランド語の語彙リストが収められている。そして、ワークブックは、読本に掲載されている本文や本文中に出てくる語彙や文法に関連してエクササイズやアクティビティが用意されており、自分の答えを直接書き込めるようになっている。

日本ではワークブックは別冊扱いだが、フィンランドでは、読本とワークブックがセットで教科書となっている。本書で「教科書」と記載している場合は、読本とワークブックの両方を指しているものと思っていただきたい。読本、ワークブックいずれかを指す場合は、読本、もしくはワークブックと単独で記載することとする。

✚ 読本・ワークブックの構成

本書はフィンランドで広く使用されているサノマ・プロ社の *Yippee!* 小学校3年―6年生をもとに記述していく。この *Yippee!* のワークブックの構成は、読本の本文に掲載されてい

表2　教科書の構成要素

項　目	フィンランド	日　本
文法プラクティス	48.6%	47.4%
語彙プラクティス	26.6%	0%
発音プラクティス	4.8%	9.7%
本文内容理解に関するプラクティス	8.6%	22.6%
歌・チャンツ	5.0%	0.6%
ターゲットセンテンスの表示・文法表	5.3%	13.3%
その他	1.1%	6.4%
計	100%	100%

る文法、語彙、発音に関するエクササイズやアクティビティ、そして、読本の本文内容を理解するための問題、さらに歌やチャンツ（英語の文章を一定のリズムに乗せて歌うこと）、そのレッスンで学ぶ新出文法項目やその説明表となっている。なお、以降エクササイズやアクティビティを総称してプラクティスと呼ぶこととする。

表2はフィンランドの小学校3年生から6年生までのワークブックと日本の1社の中学校検定教科書（中学校1―3年生）の構成要素とその割合の比較だ。日本では、2020年より小学校高学年で英語が教科化されるが、今のところ、小学校では音声を中心とした意思伝達に焦点を当てた活動を行ない、文法項目に関しては、中学校のようには系統立てては教えないようである。一方、フィンランドでは、小学校からしっかり文法が教えられており、日本の中学校にあたる大部分の文法項目を小学校で学ぶため、

学校種はちがうが、今回は日本の中学校の教科書を比較対象として用いた。

なお、日本でも各出版社が教科書準拠のワークブックを発行しているが、有料であり、すべての生徒たちが持っているわけではない。ちなみに、日本の2社の出版社にワークブックの採択率はどれくらいのものかと問い合わせたところ、両者ともその地域と年によると前置きがあり、教科書採択の学校の2割程度がワークブックを購入しているということであった。よって、使用率が低いため、今回は調査対象から外している。

さて、構成に話を戻すと、日本の教科書とフィンランドのワークブックを比較したとき、文法に関するプラクティスがいちばん多い点は共通している。次にフィンランドでは、語彙に関するプラクティスが多く、全体に比して4分の1となっているが、日本の場合は皆無だ。たしかに日本の教科書では、新出単語は掲載されているが、その語彙に関するプラクティスはない。またフィンランドでは、歌やチャンツの割合も日本と比べて多く、特にチャンツは*Yippee!*ではユニットごとに掲載されていた。ただ、チャンツに関しては、私が学校訪問した先の先生のひとりは、「いかにも意図的にチャンツを作ったたって感じで、私はあまり好きじゃないのよね」と言っていたが。個人的には、ワークブックのチャンツはどれもセンスがいいなと思っているのだが……。

✚ 圧倒的なプラクティスの数

次に教科書の構成要素の項目数を見ていただきたい。

表3に示すように、文法に関するプラクティス、語彙に関するプラクティスの数が日本よりフィンランドのほうが圧倒的に多いことがわかる。ちなみにこれは、大問（まとまった大きな問い）を数えたものであり、文法に関するプラクティスを小問（大問の中にある小さな問い）で比較したものが図1だ。フィンランドの文法に関するプラクティスは日本と比べ実に2・5倍にもなる。

ではどのような種類の文法に関するプラクティスが掲載されているか見てみよう。プラクティスには、目的によってさまざまなタイプがある。基本的な文型や表現を身につけるためのパターン・プラクティスもあれば、生徒同士がコミュニケーションを行なうことを目的としたプラクティスもある。本書ではプラクティスを次の3つに分類して、サノマ・プロ社の*Yippee!*小学校3―6年生のワークブックには、どのようなタイプのプラクティスが掲載されているかを調査してみた。

表3　教科書の各構成要素の数

項　目	フィンランド	日　本
文法プラクティス	1,027	401
語彙プラクティス	561	0
発音プラクティス	101	82
本文内容理解に関するプラクティス	182	191
歌・チャンツ	105	5
ターゲットセンテンスの表示・文法表	113	113
その他	23	54
計	2,112	846

図1　日本とフィンランドの文法に関する大問・小問数比較

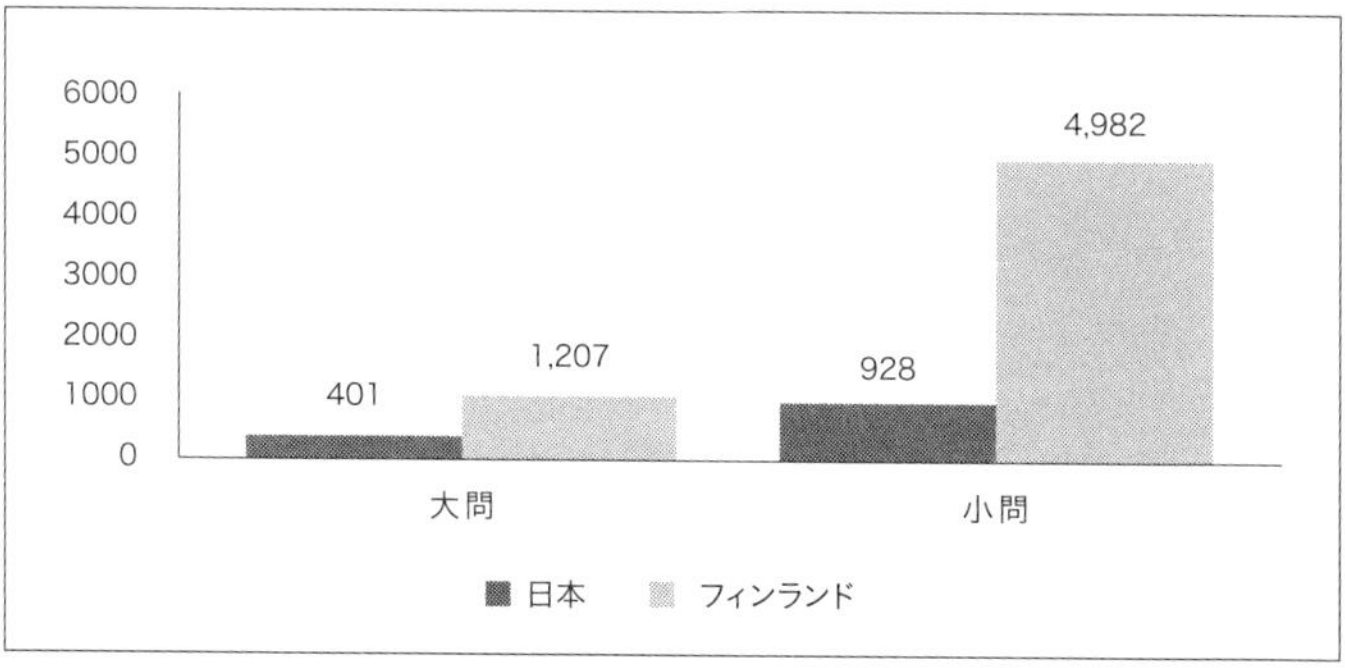

(1) 機械的なプラクティス
(2) プレ・コミュニカティブプラクティス
(3) コミュニカティブプラクティス

(1) の機械的なプラクティスは言語形式に最も焦点を置いているプラクティスだ。そのため、文法規則、語彙、イディオム、発音、形態など、どのように言葉を使うか、形を教えることが中心となる。機械的プラクティスは、いわゆるドリルやエクササイズと呼ばれているもので、音や言語形式、言語形式とその意味の結びつきの定着を図るためのものであり、プラクティス例としては、空所補充（例：John ＿ very excited last week. という英文があり、その横にフィンランド語 'oli' が記されている。このフィンランド語に該当する英語を下線部に入れる）や入れ替え練習（substitution drill：たとえばペアワークで、片方が与えられた英文の中から肯定文の英文を言うと、もう片方はそれを否定文に直す。また片方が否定文の英文を言えば、もう片方が肯定文に直す）、翻訳（英語からフィンランド語、フィンランド語から英語の両方を含む）などがこの分類に当てはまる。

日本	
数	%
412	44.4%
477	51.4%
39	4.2%
928	100%

表4　文法プラクティス分類

種　類	フィンランド	
	数	%
①機械的なプラクティス	2,727	54.7%
②プレ・コミュニカティブプラクテス	2,066	41.5%
③コミュニカティブプラクティス	189	3.8%
計	4,982	100%

また（2）のプレ・コミュニカティブプラクティスは、言語形式だけでなく、ある程度意味内容にも注意を向けさせたプラクティスだ。プラクティス例として、答えは決まっているが意味を理解しないと答えられないQ＆A（例：〈クラスの時間割表を見ながら〉What do you have on Monday at eleven?）、言語形式に焦点を置いたプラクティスであるが、答えが複数あるもの（例：A: I play the recorder (　). B: Well done. AとBの会話が成立するように空所にwell, beautifullyなどの副詞を自分で補う）などがこの分類に当てはまる。

（3）のコミュニカティブプラクティスは、英語を用いたコミュニケーションのためのプラクティスを指す。学習した項目を用いて、情報伝達、意思伝達するプラクティスだ。プラクティス例としてインフォメーションギャップ（聞き手と話し手の情報に差があり、それを埋めるために情報交換を行なう）、個人に関する質問（personal question）、クラスメートへのインタビューなどをこの分類に当てはめた。結果を表4に示す。

フィンランドのワークブックには（1）機械的なプラクティスがいちばん多く、続いて（2）プレ・コミュニカティブプラクティス、そして（3）コミュニカティブプラクティスは意外に少ない。

フィンランドでは英語学習の初期段階から、しっかりと文法が教えられており、言語形式を重視したプラクティスの定着が企図されている。こういうと、フィンランドの小学校では機械的な授業が中心なのかと少々誤解されそうだが、言語形式を重視したプラクティスであっても、教科書に楽しいイラストなども配され、児童が楽しんで学ぶことができるよう工夫がなされている。

✚ 語彙数もまた多い

フィンランドの教科書の特徴は学習語彙数の多さにある。フィンランドの学習指導要領では、語彙数の規定はなく、語彙数は教科書執筆者によって決定される。教科書 *Yippee!* の読本（小学校3—6年生分）の巻末には、語彙リストが掲載されており、フィンランド語から英語へのリストと、英語からフィンランド語へのリストの両方が示されている。フィンランド語から英語には2845語、英語からフィンランド語には2908語が掲載されていた。この語彙数は日本の次期学習指導要領の小学校と中学校で学習する総語数（2200―2500語）を上回っている。ただし、これらの語彙を丸暗記させることはない。プラクティスを通じて、使わせることによって語彙の定着を図っている（詳細は65ページ「語彙に関するプラクティス」に記す）。

3　ワークブックのプラクティスの特徴

✚ 楽しく、力がつきそうなプラクティス

フィンランドのワークブックのプラクティスは、正直、面白い。もちろん、伝統的な空所補充の問題や英語からフィンランド語、またはフィンランド語から英語への翻訳のプラクティスもたくさん見られるが、日本の教科書では見られないものもあり、かつ楽しくて力の付

きそうなプラクティスである。本節では、それぞれの特徴を挙げながら、具体的なプラクティスを紹介していく。

✚ 多種多様なプラクティス

フィンランドの英語教科書に見られる特徴のひとつは、何と言っても多種多様なプラクティスの提供である。よくこんなプラクティスを思いつくなあと何度も感心したほどだ。

たとえば小学校6年生のプラクティスを見てみよう。主語のボックス、助動詞のボックス、動詞のボックス（不定詞と3人称単数のボックスがある）、目的語である名詞のボックス、副詞のボックスに分かれる。各ボックスの中の単語を組み合わせて英文を作るプラクティスであり、基本的には言語形式を重視したものである。しかしながら、単語の組み合わせによっては、さまざまな英作文が可能だ。ときには文法的には合っているが、内容が変な英文を作ることもあるかもしれないが、それはそれで楽しく、クラスで盛り上がるのではないだろうか。ちなみに、私なら、クラスに「できるだけ面白い変な英文を作ろう」と指示するだろう。

さらにこのプラクティスは、スローラーナーにも対応しており、基本的にはボックスの中の語彙を組み合わせるだけでよく、自然と語順も学べるような仕組みとなっている。日本の教科書にも言語形式を重視したプラクティスが見られるが、答えが決まったものが多い。一方でフィンランドの場合は、このようにある程度自由のきくプラクティスが多い。個々の学習者の好みや考え、個性を生かし、定着を図っているところは参考になる。

また疑問詞を用いた疑問文のプラクティスもある（小学校6年生）。こちらも言語形式を重視したプラクティスだ。ひとつのマスの上段と下段に疑問文と肯定文が記されているが、対応していない。その疑問文にマッチングする答えは、別の下段にあるわけである。このプラクティスでは、生徒のペアの片方が上段の疑問文を言い（例：Where does your granny live?）、もう片方が下段の選択肢の中からそれにふさわしいものを見つけて答える（例：She lives in Bath.）。これはペア活動で取り組むことも可能だし、ひとりで取り組むことも可能だ。このようなゲーム感覚で学べるようなプラクティスが多く提供されている。

✚ 語彙に関するプラクティス

日本の教科書には語彙に関するプラクティスは皆無と言っていいが、フィンランドの小学校英語ワークブックには数多い。各レッスンに学習語彙のテーマが決められており、新出語彙だけでなく前に習った語彙に関しても学習者の興味を引きつけるプラクティスが多く提供されている。学習語彙数がかなり多いが、語彙を丸暗記させるといった詰め込み式の活動ではなく、児童がゲーム感覚で楽しく行なえ、無理なく学習できるよう工夫されている。

語彙のプラクティスとしては、イラストと語彙を結びつける活動、クロスワード、語彙のしりとり、語彙に合う絵を描かせる活動などが典型的だ。たとえば、正しい語彙の綴りになるよう文字を並べ替えるプラクティスがある。a cta とか a dgo とか間違った綴りを直すのである。あるいは一部の単語の文字を書き、絵と結びつけるプラクティスもある。たとえば、f＿＿＿となっていて、空欄を埋めるのだが、魚のイラストもあるので、答えを考えやすい。例文からヒントが得られる仕組みにもなっている。このように、フィンランドのワークブックはひとりでもできるよう、そのページのどこかに答えやヒントがさりげなく載っていることがよくある。

あるいは、それぞれの語彙のグループから仲間外れを選ぶ活動もある。たとえば、a cat, a dog, a guinea pig, an elk, a hamster という一群で仲間外れはどれか。答えは guinea pig なのだが、私は guinea pig の意味がわからず考えてしまった。読者の皆さんは答えがおわかりであろうか。guinea pig はモルモットという意味で、またそこに出てくる elk（オオツノジカ）や reindeer（トナカイ）、budgie（セキセイインコ）もあまり日本人にとっては馴染みのない単語だ（フィンランドらしさが出ていると言える）。このプラクティスのように、意味を理解し、かつどれが仲間外れの単語であるかを考えさせるような、学習者の認知能力を必要とする活動もよく見られる。

さまざまな言語能力レベルに対応したプラクティス

フィンランドの基礎教育ナショナルコアカリキュラム（2014）には、学習はさまざまな学習者に対応するよう明記されている（49ページ参照）。したがって、フィンランドのワークブックにはスローラーナーに配慮したプラクティスだけでなく、アドバンストラーナーに対応したプラクティスも準備されている。たとえばスローラーナーに対しては絵と単語を結びつけるプラクティスや、正しい英文を選ぶだけのプラクティスなどが見られる。少年のイラストがあって、I am a boy. と I have a boy. でどちらが正しいか選ばせるような問題である。また語彙に関するプラクティスはそのまま単語を書かせるのではなく、一文字だけ書かせたり、文字の並べ替えをさせたりと工夫が施されている。ただし、「スローラーナー用」などの記載はワークブックにはされていない。

一方、アドバンストラーナーに対しては、プラクティスの中にレベルの高いものが自由選択として提供されている。またユニットの最後にエクストラ（Extra）と呼ばれるページが設けられており、そこではより高度なプラクティスが、1〜2ページにわたって提供されている。

さらにフィンランドのワークブックには、学習者自身が自分のレベルに応じて解答できるプラクティスも多く見られる。たとえば、これまで学習した語彙のカテゴリー（野生動物、家畜、色、球技、アメリカの都市）に当てはまる語彙をボックスの中に入れていくプラクティスがあるが、一見アドバンストラーナー向けのものかと感じられる。しかし、書くべき語数が制限されていないため、そのカテゴリーに属する語彙を書ける児童はいくつでも書けるし、書けない児童は自分のレベルに応じて書ける仕組みになっているわけだ。

学年内・学年間でスパイラルに学習できるプラクティス

フィンランドのワークブックは、各学年3〜4ユニットの学習が終わると、リマインダー(Reminder)と呼ばれる復習のページが掲載されており、これまで学習した語彙や文法の復習を行なうことができる。たとえば小学校3年生ユニット10で学ぶ体に関する語彙が、女の子のイラストで表示されている。たとえば、鼻に矢印でa nose［nəuz］と発音記号付きで単語が付いている。ここでは、まずリスニングで、語彙を確認し（やはり発音記号が記されている）、その後、体に関する語彙が使われているチャンツをリズムと音楽に合わせて歌う。さらに、復習ページでは、同じ女の子のイラストを使い、体の部位の名称が空欄になっている。女の子のイラストの横にアルファベットが並んだボックスがあり、それらを組み合わせて、体の部位を表す単語を作るという問題である。NとOとSとEでNOSE（鼻）を見つけるわけだ。そして、小学校6年生では、少しリアル感のあるイラストにはなるが、再び体に関する語彙学習が登場する。やや部位の名称が細かくなって、armとhandだったものに、elbow（肘）などが加わるようになる。

文法項目も同様で、学年内でも学年間をまたいでも、くり返して学習できる仕組みになっている。たとえば、一般動詞現在形に関していえば、3年生から動詞 like や play を中心に学習するが、4年生、5年生でも再び一般動詞現在形を学習する。特に be 動詞と一般動詞のちがいについては、学習者が楽しみながら学べるプラクティスを提供しつつ、徹底的に教えている。

たとえば、小学校3年生では、中央に am, am not, have, don't have の単語があり、その周りに happy, sad, tired, angry, 9 years old, from Finland などの単語や語句と、メガネやローラースケート、サッカーボールなどのイラストが配され、中心の be 動詞や have との組み合わせを考えて文を作るようになっている。

表4、5は、教科書 *Yippee!* の文法・語彙シラバスだが、学習する文法項目は、過去形、未来表現までであり、特に一般動詞に関しては、4年間で何度も学べる仕組みになっていることがおわかりいただけると思う。

表4　小学校3・4年生の文法・語彙シラバス

	3年生			4年生		
	文法項目	語彙	発音	文法項目	語彙	発音
L1	I'm... My name is… I, my you, your	挨拶、国	[t] [d]	前置詞：in, on, under, behind, next to	家具 部屋	[f] [v] [w]
L2	I'm... I'm not … Are you…?	数字 形容詞（happy, sad..）	[k] [g]	I have… I don't have .. Do you have..? He/ She has…	身の回りにあるもの 色 家族	[θ] [ð]
L3	I like… I don't like… Do you like...?	果物・野菜	[p] [b]	be 動詞 人称代名詞（主格）	国 形容詞（tall, short...）	[s] [z] [ʃ]
L4	I play… I don't play… Do you play…?	スポーツ	[s] [z]	時間の尋ね方とその答え方	学校にあるもの 曜日、時間 形容詞（easy, difficult..） 疑問詞の単語	[tʃ] [dʒ]
L5	I have… I don't have … Do you have…?	動物（ペット）	[ʃ]	Can:（可能）	外国語 動詞	[æ] [ə] [ʌ] [ɔ]
L6	前置詞（in, on, under, behind）	文房具 教室にあるもの	[f] [v] [w]	前置詞：next to, between, in front of	乗り物 場所・建物 助言に使う単語	
L7	I can… I can't … Can you…?	動作を表す動詞	[tʃ] [dʒ]	He has… He doesn't have… Does he have..? 複数形	ペット 犬の種類	
L8	He / She	形容詞（big, small...） 家族	[θ] [ð]	不規則の複数名詞 冠詞	鳥 動物 形容詞（scary, shy…）	[:]
L9	He's../ She's… He (She) isn't.. Is he (she) …?	形容詞（感情を表す）		I play ... I don't play…? Do you play…?	月、季節 スポーツ・ゲーム 楽器 コンピュータの付属品	[ŋ]
L10	He has .. She has …	色 服 体部位	[æ] [ə]	一般動詞三人称単数形	食べ物・飲み物 量を表す表現（a slice of..., a glass of…）	
L11	単数形と複数形	動物 数字（20－100）	[ʌ] [ɔ]	人称代名詞（所有格）	家事 家の中にあるもの 頻度を表す副詞	
L12	His Her	部屋 家具		命令文 Let's ..	病気 体部位 曜日	
L13	時間の尋ね方とその答え方	趣味 曜日 時間	[ŋ]	形容詞比較級	動物 職業	復習（発音記号で表された単語の発音練習）
L14	固有名詞の所有格	食べ物・飲み物	[:]	形容詞最上級	野生動物 時間	
L15	We are.. You are.. They are …	野生生物 形容詞（tall, thin...）		所有格 Whose?- Jane's	衣類 値段 this, that, these, those	復習（[ʃ] [tʃ] [t] [θ]）
L16	命令文	乗り物 質問詞の単語		be 動詞と動詞 have の比較	エクステリア 形容詞 月	
L17	I am / I have の比較	天気 身の回りにある単語		現在進行形	天気 自然に関する単語 方角	復習
L18	現在進行形	職業 自然に関する単語 夏休みに関する単語		There is.. There are … be going to ...	夏に関する単語	

出典：*Yippee! 3,4*

表5　小学校5・6年生の文法・語彙シラバス

	5年生			6年生		
	文法項目	語彙	発音	文法項目	語彙	発音
L1	be 動詞と動詞 have	家族 職業 代名詞	[æ] [ə] [ʌ] [ɔ]	be 動詞と動詞 have の過去形	場所 形容詞（nervous, worried..） 道案内に関する表現	[s] [z] [ʃ] [ʒ]
L2	一般動詞肯定文 write, writes	時間	[s] [z] [ʃ] [ʒ]	一般動詞過去形 （規則変化）	動物 動詞	[tʃ] [dʒ]
L3	冠詞	食べ物・飲み物 家事 食事で使う表現	[t] [d] [k] [g] [p] [b]	一般動詞過去形 （不規則変化）	恐竜 野生動物 動詞	
L4	一般動詞否定文 don't like / doesn't like	食べ物・飲み物	[ɑ:] [i:] [ɔ:] [u:] [æ :] [ə:]	一般動詞過去形否定文	動詞 荷物や旅行 時間	[æ] [e] [i] [u] [ʌ] [ə:]
L5	一般動詞疑問文 Do you like…? Does she like…?	国と言語 教科・スクールアクティビティ	[tʃ] [dʒ]	一般動詞過去形疑問文	海洋生物 空港での表現 疑問詞の単語	[θ] [ð]
L6	一般動詞三人称単数形：He plays .. He doesn't play … Does he play …?	趣味 頻度を表す副詞	同じ発音を持つ単語	一般動詞過去形肯定文、否定文、疑問文	国 言語 動詞	[f] [v] [w]
L7	疑問詞で始まる疑問文	乗り物 疑問詞の単語	イントネーション	方向、時間、 場所を表す前置詞	テクノロジー 命令 家事	
L8	形容詞の比較 big, bigger the biggest	形容詞	[θ] [ð]	形容詞の比較	形容詞 （important, boring..）	アクセント
L9	There is / There are	街の中の建物・場所 質問をする 場所を表す前置詞	c の発音の仕方 [k] vs [s]	冠詞	家の中にあるもの 学校の中にあるもの	
L10	複数形 girls, buses, wolvs, children…	服 買い物に関する単語 this/that/these/those		be 動詞と動詞 have 現在進行形	スポーツ 体部位	[g] [ŋ] [ŋg] [ŋk]
L11	現在進行形 I'm running	キャンプ・アウトドアアクティビティ 動詞	[ŋ] [ŋg] [ŋk]	一般動詞肯定文と否定文	動詞 健康生活 月・曜日	
L12		数詞 月・日付 スポーツ	[θ] [ð] [f] [v] [w]	一般動詞：疑問文	日用品・化粧品 健康に関する単語	
L13	人称代名詞（目的格）	コンピュータに関する単語 命令、禁止、提案	語尾に来る [r] の発音	語順	音楽に関する単語 副詞	
L14	be 動詞と動詞 have の過去形 somebody/something, anybody, anything..	時間を表す表現、 場所に関する表現		代名詞 動詞句	コンピュータ関係の単語	
L15	一般動詞過去形 played, walked ..	楽器 副詞（happily, sw eetly..）		所有を表す of 疑問詞	趣味	
L16	be going to … be 動詞と動詞 have	夏休み関する単語 天気		形容詞の比較：as …as be 動詞と動詞 have be going to 未来を表す will, won't	色 形容詞（poweful, smart..）	

出典：*Yippee! 5,6*

✚ 家庭学習でも可能なプラクティス

フィンランドの英語の授業時間数は通常週2コマでそれほど多くない。したがってワークブックは授業だけでは到底消化できない。授業でできなかった分は、宿題として課される。フィンランドでは日本のように塾がなく、伝統的に家庭学習が重視されており、宿題もかなりの量が出される（伊東，2014；米崎・伊東，2010）。ワークブックのプラクティスは、学習者が確実に解けるよう工夫がなされている。同じことを形を変えて問うたり、あるいは同じページ（あるいは前のページ）のどこかに答えやヒントが何気なく掲載されており、学習者は無理なく取り組める。思わず、「ここに答えがあるやん！」と笑ってしまうこともある。しかも、プラクティスはひとりでも楽しくできるものが多い。

各ユニットの新出語彙リストや読本の巻末に掲載されている語彙リストは家庭学習に役立っている。新出語彙リストは、フィンランド語の意味も記載されており、学習の手助けとなる。さらに巻末の語彙リスト（フィンランド語から英語、英語からフィンランド語へのリスト）も大きな役割を果たしており、もし単語の意味がわからない場合、あるいは言いたい、または書きたい単語が思いつかない場合は、巻末の語彙リストを参照し、自分で調べて学習を進めることができる仕組みになっている。

✚ 語彙と文法を組織的に結びつけたプラクティス

フィンランドの教科書では、語彙と文法が組織的に結びつけられており、各ユニットの語彙は学習する文法項目に使われやすいものが選定されている。たとえば4年生のユニット7の学習文法項目は、一般動詞haveを用いた3人称単数の疑問文、否定文であり、語彙に関してはペットに関するそれを学習する（表4の4年生のL7の文法項目語彙を参照）。ペットに関する語彙のさまざまなプラクティスの後、これらの語彙を用いて、3人称単数の肯定文、疑問文、否定文を用いた文法プラクティスを行ない、最終的には統合的な言語活動型のプラクティスにつなげている。さらに学習した語彙や文法を使ったチャンツ、またそのレッスンで学ぶ文法表の掲載も定着に役立っている。レッスンにより多少異なるが、各レッスンのプラクティス

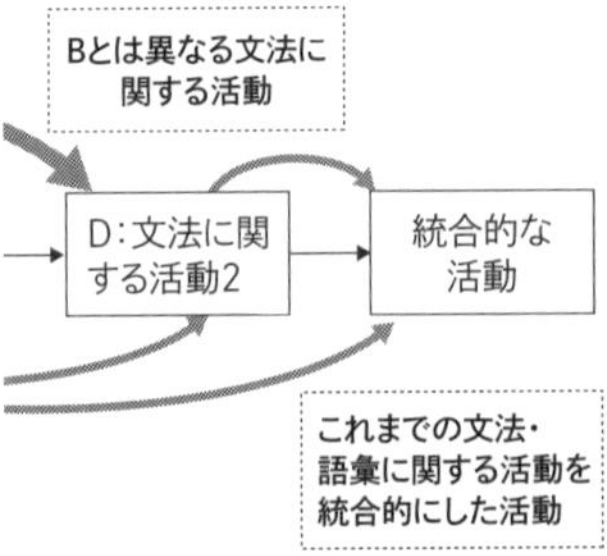

のおおよその展開を示すと、図2のようになる。

4 英語の授業の実際

✚ 英語による授業VSフィンランドによる授業

では教科書を使い、実際どのような授業が行なわれているのだろうか。視察した学校は小中高とあわせて9校と限定的ではあるが、私がこれまで訪問した学校の英語授業の中で、できるだけフィンランドの英語授業の特徴といえる点を取り上げていきたい。

"Good morning, everyone."

"How are you today?"

図2　プラクティスの展開

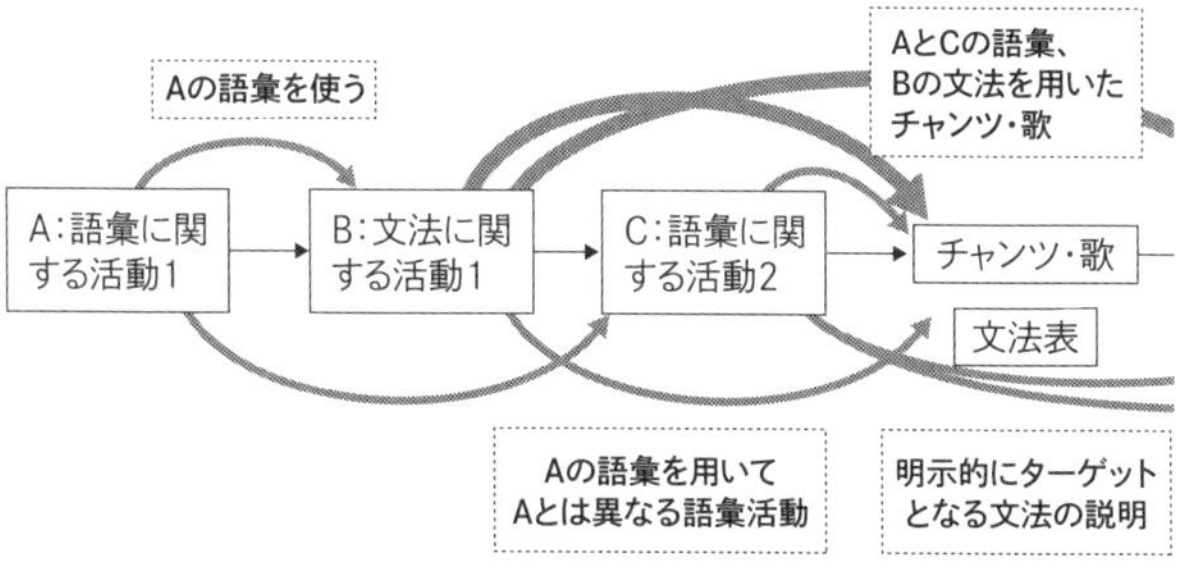

これは、日本で英語の授業の典型的な始まりの挨拶だ。フィンランドで見学した小学校でも授業の多くは、この挨拶で始まっていた。児童たちの返答は“Fine, thank you.”のクラスもあれば、めいめいにその日の気分を答えさせているクラスもあり、さまざまだった。

フィンランドの英語の授業は、基本的には英語で授業を行なわれることが多い。フィンランドでは英語の専科の教員もしくはクラス担任で英語を教える資格のある教員が教えているため、当然英語は話せる。年配の先生の中には少しアクセントのある先生もいるが、若い先生の英語は皆、クリアーで流暢だ。ときどき聞き取れないくらいの速さでネイティブに近い英語を話し、会話を交わすとこちらが恥ずかしくなることもある。

ただし、授業は必ずしもオールイングリッシュというわけではなく、説明などはむしろフィンランド語を使う場合が多い。結構フィンランド語で授業をしている若い先生もいる。ただ、英語力がないから英語を使わないというのでは決してなく、どの先生も英語を自在に話せる。

ちなみにフィンランドの教科書には、読本の本文内容理解に関するプラクティスも、フィンランド語で答えさせる問題が多い。日本の教科書では少なくなってきた英語→母語もしくは母語→英語への翻訳の問題も、フィンランドの教科書には案外多く掲載されている。

✚ 授業スタイルはさまざま。でもどれも安定している

英語の授業は、日本と同様基本的には教科書中心だが、最近はデジタル教科書を使って行なわれていることが多い。日本では、デジタル教材を使える環境がまだ整っていない学校もあるが、フィンランドではそういうことはないようだ。今年退職するというタンペレ大学附属小学校のノウテルマン先生も、デジタル教材を使いこなしていた。日本では年配の教員は私も含めて、最近のテクノロジーやＩＣＴ（Information and Communication Technology）についていけないところがあるが、ノウテルマン先生に「デジタル教材、使いこなしていますね」と言うと、

「私も突然やれって言われたら無理だけど、徐々に慣れてきたわ。慣れてくると便利よ」

と笑って答えてくれた。フィンランドの学校は、日本より早くからデジタル教材を使う設備が整っており、最近では授業の進度や宿題をオンライン上にあげておき、保護者は必要ならオンラインでそれらを確認できるシステムになっている。

教師によって、教科書以外の活動はさまざまだが、どの先生の授業を見ていても安定感があり、先生たちもリラックスして、自然体で行なっている感じがする。ちなみに机の配置も

先生によって異なっている。フィンランドでは、授業見学を申し出たら、断られることはほとんどない。そして、特別ではない普段の授業を見せてもらえるところに、逆に感心してしまう。

私もこれまで国内外からの視察を受け入れ公開授業をした経験があるが、そういうとき、特に若い頃は緊張してしまい、つい何か特別なことをしようと肩に力が入り、ショーを見せるような授業をしてしまったことがある。生徒たちも彼らなりに頑張ってくれ、それはそれで良かったのだが、フィンランドの先生がたは、そのようなことはなく、ごく日常行なっている飾らない授業を見せてくれる。

✚ 授業は教科書中心

フィンランドの英語授業は、教科書、特にワークブック中心に行なわれる。前節で述べたように、ワークブックのプラクティスが充実しているため、先生が他の教材や活動を準備する必要がない。ときには、教科書以外の活動も行なわれるが、その多くは、教科書出版社が用意してくれている活動をプリントアウトしているだけである。「教科書以外のエクササイズやアクティビティを行ないたければ、ＰＤＦなどのデータが提供されているので、私がしているのはプラクティスを選んで印刷するだけよ」と先ほどのノウテルマン先生。むしろ、日本の先生のほうが、教科書の教材を加工するなど、工夫をしているかもしれない。フィンランドの英語の授業は、あくまで教科書に沿って行なっているという印象を受ける。もちろん、その間、児童とのやりとりは継続的に行なわれている。

フィンランドのワークブックはプラクティスの量が多いため、先生はどのプラクティスを授業で扱うか、どれを宿題に回すかを選べる。授業でペアやグループ活動を重視したければ、文法重視のプラクティスは家庭学習に回すことが可能だ。その点、日本の先生は教科書のプラクティスが必ずしもじゅうぶん提供されているわけでなく、ときには自分で活動を補わなくてはいけないので大変だ。自分でプラクティスを準備したり、教材を加工できる先生はいいが、そうでなければ、教師間で差が出てしまう。その点、フィンランドは、ワークブックが充実しており、プラクティスの量、質という点で教師間で差が生じないようになっている。

✚ デジタル教科書の強み

フィンランドでは、学校の予算があればデジタル教科書を購入するという話だったが、私が訪問した学校はすべてデジタル教科書を用いて授業を行なっていた。教室には、デジタル教材を映し出すスクリーンが下ろされ、黒板はほとんど使われていなかった。黒板の使用は、先生が今日の授業の活動の予定を書いたり、児童からスペリングの質問があれば、それを書く程度だ。

デジタル教科書はすでに日本でも使われているが、フィンランドのデジタル教科書がなかなかよくできていて、今後参考になりそうに思う。たとえば、読本の本文学習のときには、本文の音声が流れると、本文のどこを読んでいるか、下線が示される。チャンツでも、今どこが歌われているか歌詞に下線が示される。音と英語を結びつけることが難しい学習者にとっては、このちょっとした工夫が助かる。

読本だけでなく、ワークブックのプラクティスすべてがデジタル教科書に含まれており、プラクティスの答え合わせもスクリーン上でできる。デジタル教科書の普及により、児童の顔が上がり、またパソコンのキーを押すだけで授業を進めることができるため、教師の負担も減じているようである。

✚ 音読重視

日本でも音読は重視されているが、フィンランドでも同様だ。日本の教育現場では昨今、多種多様な音読方法が紹介され、音読が再び見直され、音読ブームとなっているが、フィンランドの場合、読本の対話文をペアで読んだり各自がひとりで音読をするなど、ごくシンプルな音読練習を行なう。ただ、小学校の読本は対話文が多いため、登場人物になりきって読むよう指示されることが多い。

ペアで練習した後は、何組かを代表として選び、教室の前で読ませる。発音などの訂正はあまりしないようで、児童が披露した後は、先生が褒《ほ》めて席に戻す。褒められた児童が少し照れながら嬉しそうにしている場面を何度も見た。

児童の音読を聞いてみると、フィンランド語のアクセントも混じっているが、全体として皆じょうずに読んでいた。音源のデータを渡しているのかと尋ねると、たいていは、「渡していない」と言う。では、なぜしっかりした発音ができているのかといえば、テレビやインターネットの影響が大きいとのことだった。ただそれだけではなく、デジタル教材からの音源、先生による英語モデル、そして教室での音読練習も大いに貢献していると思われる。

✚ ペア活動、グループ活動

フィンランドのワークブックにはペア活動の指示が多い。「ペアで考えてみよう」「ペアで答えを確認しよう」「ペアに尋ねてみよう」など、ささいな活動もペアで行なわせている。ワークブックに見られる典型的なプラクティス例で、ペアの片方が提示されている英文のひとつを選び（たとえば、The book is old.）、それを英語で言い、もう片方がその英文を否定文に直す（The book isn't old.）ものがある。

✚ しつけには厳しい？

フィンランドの教室でも、日本と同様さまざまな児童がいる。決して、おとなしく従順な児童ばかりではない。フィンランドの先生がたは、対応が必要なときは、授業中でも、厳しく注意する。ときには授業後に生徒を残して、その児童と話をすることもある。もちろん、特別な配慮を要する児童には、その児童に合った対応をしている。

ちなみに私が見学をした学校の多くは、授業が始まると教室に鍵がかけられる。遅刻した児童はノックをして、担当者の許可を経て入室できる。なぜ遅刻したか、その理由を言わなくてはいけない。

よい先生、よい教科書、そしてよい環境

フィンランドの学校を訪問したなかで、忘れられない児童のことばがある。それは小学校5年生の英語の授業の終わりに、英語の先生が、児童たちに私を紹介してくれたときのことだ。

自己紹介をした後、児童からの質問に答えるなど、英語でのやりとりを行なった。「なぜフィンランドに来たの?」という児童からの質問に対し、「フィンランドの英語授業に関して調査しにきたの。みんな英語じょうずだよね。その秘訣は何かなと思って」

するといちばん前に座っていた男の子が、手を挙げて、

「それは、よい先生、よい教科書、よい環境があるからです」と英語で答えてくれた。一瞬ことばを失ってしまったが、思わず「その通り」と言ってしまった。なんとまあ、5年生の児童が私の質問に即興で答えてくれるとは……。

まさにその通りなのだ。フィンランドの小学校の英語の授業で感じたことは、専科教員の先生が英語を指導し、手厚い教科書があり、そして少人数のクラスでの授業……。条件が揃っているではないか。ただ、まだ児童の英語はそこそこのレベルである。決して誰もがじょうずに話しているというわけではない。しかし、この小学校で培った英語が中学校、高等学校と進むにつれ、徐々に芽吹いてくるのである。

注

（1）本節の内容は米崎・川見（2019）「フィンランドの小学校英語教科書における語彙活動の分析」『中部地区英語教育学会紀要』48, 229-234、米崎・川見（2019）「使える英語を目指したプラクティスのあり方、進め方—フィンランドの小学校教科書分析から見えてきたもの—」第44回全国英語教育学会京都大会自由研究発表の内容をもとにしている。

第4章

中学英語もすごい、高校英語はもっとすごい

――身近な問題を論じ合う

1　質的・量的に充実した中学校教科書(1)

✚ やはり分厚い教科書

では、中学校の英語はどうなっているのだろうか。

本章では、小学校の教科書に引き続き、中学校、高校の教科書の分析を進めたい。中学の教科書も小学校と同様、読本とワークブックの2冊併用となっている。そしてどちらも分厚い。

小学校の読本にはレッスンごとにストーリーの本文だけが掲載されていたが、中学校の読本には本文に関するプラクティスがあり、さらに文法に関する解説やそれに準じるプラクティスも用意されている。読本に掲載されているプラクティスだけでもじゅうぶんな印象を受けるが、さらにそこにワークブックのプラクティスが加わる。次ページ下の写真は日本の教科書（どの出版社の検定教科書か判別されないよう表紙の上に用紙を置いている）とフィンランドの教科書（読本とワークブック）を比較したものだ。フィンランドの教科書の量がどれくらい半端でないか、理解できるだろう。

本文の内容理解はどのように？

中学校、高等学校で教鞭をとっていたとき、教科書の本文の内容理解をどう生徒に促すか、非常に悩んだ。従来から日本の教科書にはQ&Aや要約のための空所補充問題が多かったが、これだけで生徒は内容把握ができるわけではなく、さまざまな活動を通して本文の内容理解を促進しようと努めた。

私がよく行なっていたのは、本文内容に関連する写真やイラスト、キーワードをパワーポイントで示し、教科書本文を平易な英語で言い換え、その間生徒に本文の内容に関する質問を投げかけたり、生徒とやりとりを持つやり方だ。

一般的に、本文内容把握を目的とする活動は、学習者の実態に合

フィンランド（右）と日本（左）の中学校教科書の比較

わせて教師自身が考え、補わなければならない。また、限られた時間内で、本文で扱われている語彙や文法の指導をどうすべきかというのも、多くの教員の悩みのひとつだった。

昨今の学習指導要領には、外国語でのコミュニケーションを図る資質・能力を育成するための言語活動を充実させることや、読本の本文に書かれていることについて意見を述べ合うなど、複数の領域を統合した言語活動を行なうことが謳われている。しかし、読後に意見を述べ合うためには、何より英文内容の理解が必要である。私が高校教員だった頃、本文の内容理解をじゅうぶんに行なわないまま生徒たちに意見を求めて、うまくいかない経験が多々あった。また内容理解に関して時間を取りすぎ、結局本文の暗記で終わってしまい、その後の活動ができなかったこともある。

本文の内容理解のために、どのような種類のプラクティスがどれくらいフィンランドの教科書には提供されているか、またそのプラクティスがどのように展開されているかを知りたく思い、研究仲間らと教科書分析を行なった。本節では本文の内容理解に焦点を絞り、どのようなプラクティスが提供されているか、その分析結果を記したい。

✚ 本文の内容理解に関わるプラクティスの種類

今回の調査対象は、フィンランドで広く使用されていたWSOY社（現在は統合されてサノマ・プロ社）の*Spotlight*（中学校1～3年生の教科書）とする。比較対象として、日本の中学校検定教科書（中学校1―3年生）1社を取り上げ同様に分析した。後者は、国内で広く使用されている教科書だ。

本文の内容理解そのものに関するプラクティス以外にも、本文で扱われている語彙に関するプラクティスや文法に関するプラクティスなど多種多様なものが提供されており、それは日本とフィンランドに共通していた。

*Spotlight*を分析したところ、次の7つのプラクティスに分類できた。

（1）本文の内容理解に関するプラクティス
（2）本文で扱われている語彙に関するプラクティス
（3）本文で扱われている文法に関するプラクティス
（4）本文で扱われている英語・フィンランド語翻訳

表1　フィンランド(F)と日本(J)の教科書のプラクティスの種類とその数

	1年		2年		3年		全体	
	F	J	F	J	F	J	F	J
内容理解	106	39	150	51	185	38	441	128
語彙・表現	47	3	92	5	97	3	236	11
文法	40	88	55	65	57	51	152	204
翻訳	25	0	31	0	44	0	100	0
ライティング	20	9	30	20	52	19	102	48
プレゼンテーション／調べ学習	11	7	6	6	39	18	56	41
その他	28	62	45	45	11	36	84	143

図1　3年間のプラクティス数比較

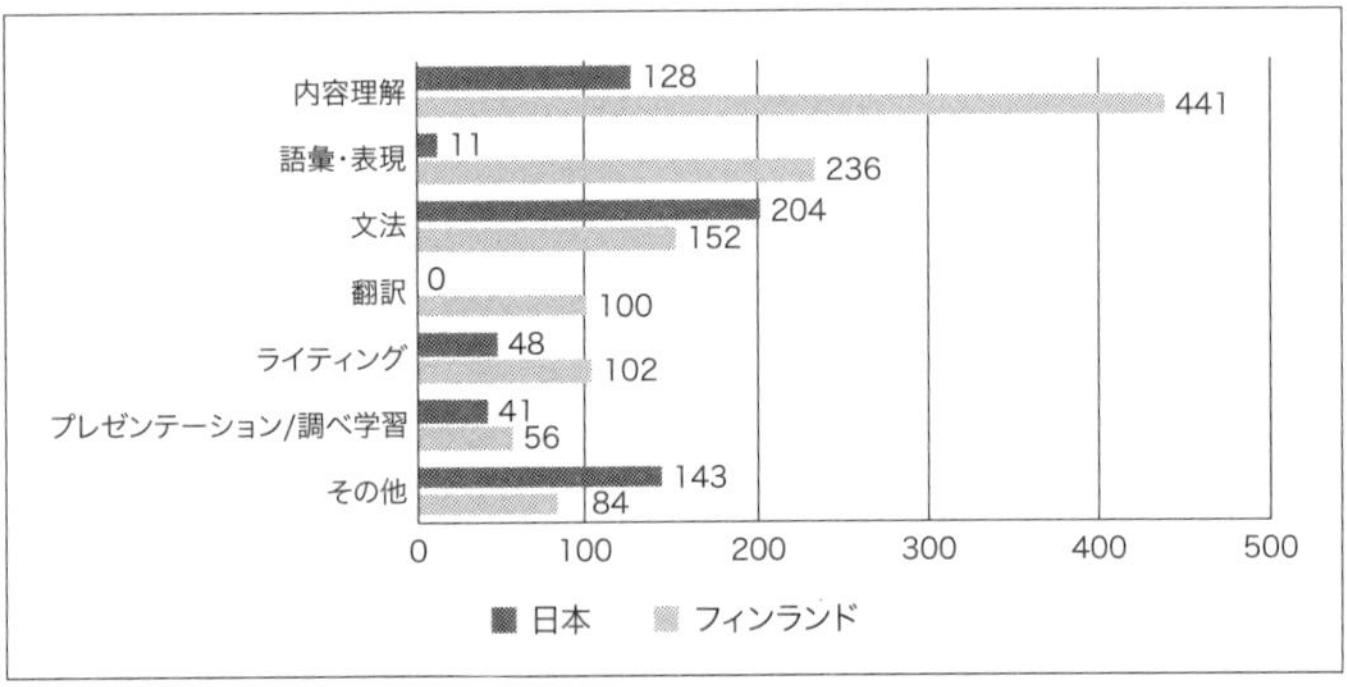

(5)本文に関連するライティング
(6)本文に関連するプロジェクト型調べ学習
(7)その他（音読、リスニング、発音・イントネーション）

これらのプラクティスの種類とその割合を日本の教科書と比較したものが、表1と図1だ。図表から読み取れることを簡単に述べたい。

まず、表1および図1より文法プラクティスとその他のプラクティス以外、フィンランドの教科書は日本の教科書と比較して圧倒的なプラクティスの数を提供していることがわかる。今回は大問（まとまった問い）の数で算出しているが、小問（大きな問いの中の小さな問い）の数で算出するとさらに大きな差が出るだろう。

また、フィンランドの中学校教科書では、小学校と同様、語彙に関するプラクティスが数多く提供されている（詳細は97ページ）。

文法に関しては日本、フィンランドともに多くのプラクティスが提供されている。ただし、日本の場合、教科書ではスピーキング、ライティング用のプラクティスとシンボルマークが示されていても、実際は文法のプラクティスに分類されるものも多く見られた。

✚ 翻訳プラクティスは日本は皆無、フィンランドは豊富

さて、英語からフィンランド語への翻訳のプラクティスであるが、かつては翻訳のプラクティスは日本の教科書にも見られたが、今回分析した教科書では皆無だった（高等学校の「英語表現」の教科書には、まだ多く使われている）。一方、フィンランドでは翻訳のプラクティス（フィンランド語から英語、あるいは英語からフィンランド語の両方）が多く提供されていた。第2章

で記した文法、訳読教授法が最盛期の頃は、翻訳は主要なプラクティスだったが、フィンランドではいまだに根強くプラクティスとして残っているのが興味深い。というよりも、翻訳が重視されていると言ったほうが適切かもしれない。ちなみにフィンランドでは、大学でも翻訳学研究科（translation studies）という学科がある。その影響かどうかはわからないが、フィンランドでは、多くの公文書が英語で翻訳されているため、フィンランドの研究をしているものにとっては、大変ありがたい。

フィンランドの教科書は、とにかく書かせるものが多く、ライティングの量は相当だ。英語授業ではライティングが伝統なようで、そういえば私がインタビューしたまだ若い30代くらいの先生で、「私の時代の英語授業はライティングが多かった。今は、それほどでもないけれども」と言う方がいた。今はそれほどでもないとすると、かつてはどれくらいだったのだろう……。

さて、現在の教科書はライティングを発展させつつ、本文に関連させた発表（プレゼンテーション）や調べ学習のプラクティスにもつなげており、その数も多い。そして、学年が上がるにつれて、数が増加する傾向にある。日本の教科書にも、発表や調べ学習は最近多く掲載されている。ただ、授業時間がじゅうぶんでなく、この活動を飛ばさざるをえないという話

図2　プラクティス展開図

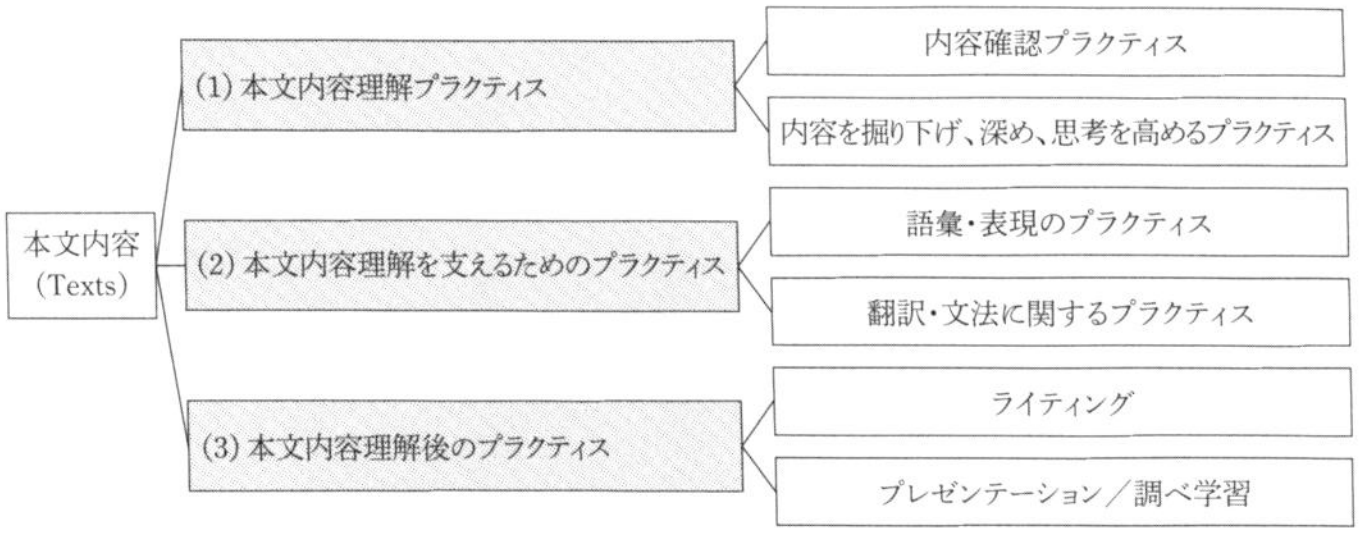

をよく耳にする。フィンランドでは、どのようにしてこの問題を解消しているのだろうか。

✚ 本文の内容理解に関わるプラクティスの展開

本文の内容に関わるプラクティスに関しては、大きな枠組みとして、

（1）内容を理解するためのプラクティス
（2）内容理解を支えるプラクティス
（3）内容理解後のプラクティス

の3種類がある。

そして図1または表1中の各プラクティスが、その下位項目となっている。

（1）に関しては、①内容確認プラクティス、②内容を掘り下げ、深め、思考を高めるプラクティスがあり、（2）には①語彙・表現のプラクティス、②翻訳・文法プラクティス、そして（3）には①ライティング、②プレゼンテーション・調べ学習が、下位項目として分類化された。これを可視化すると図2のようになる。

✚ 本文の内容理解に関わるプラクティスの特徴

（1）の内容理解に関する2種類のプラクティスについて述べていこう。

ひとつ目は、単に内容が理解できているかを確認するプラクティス（内容確認プラクティス）だ。日本の教科書でもよく使われているQ＆A、空所補充問題、True or False 問題、間違い直し、本文の内容順に番号をつけていく、キュー（ヒント）を与えその後に本文の内容に合う英語を書く、などといった問いである。英語だけでなくフィンランド語で答えさせるプラクティスも多い。フィンランド語で答えさせることにより、訳の代わりとなる。全文訳を求めるのではなく、特に押さえておきたい文や、内容理解のキーとなる文のみの訳を求めることも、効率が良くかつ有益であろう。

そしてフィンランドの教科書では、内容確認プラクティスはひとつだけで終わるのではなく、複数提供されている。つまり、さまざまなプラクティスを通して、より深い内容把握を促しているのだ。日本の教科書の場合、この種のプラクティスが意外になく、教師が生徒に内容把握を促すため、自分で工夫して補わなければならなかったり、あるいはこれまで自分が教えられてきたやり方を踏襲し、英語を日本語に訳させるだけで終わっている場合が多いのではないだろうか。教科書でこのようなプラクティスを提供してもらえることは、教える側にとってもありがたい。

本文の内容を掘り下げ内容を深めさせる、あるいは学習者の思考を高めるようなふたつ目のプラクティスに関しては、事実発問（教師がする本文の内容に関する質問。質問の答えはテキストに書かれており決まっている）、推論発問（本文の文脈や自分の知識を手掛かりにして生徒自身が推測するための質問）、評価発問（本文の内容や情報に関して生徒の考えや態度を問う発問）、個人に関する発問（あなたはどう思うかと問う問題）や、文章の再構成などが当てはまる。

フィンランドの教科書には、本文の後に必ずQ＆Aが入っており、事実発問以外に、“What do you think?”というコーナーがあり、推論発問や個人に関する発問が提供されている。昨今、思考を促す発問として推論発問や評価発問が注目されているが、日本の教科書にはまだまだその数が少なく、ほとんどが事実発問だという報告がある（たとえばYonezaki, 2018）。日本でも学習者の思考力を高めるためのプラクティスが強調されているが、学習者には取り組みにくく難易度が高い印象を与えてしまいがちだ。フィンランドの場合、必ずしもそういうものばかりでない。たとえば、与えられた形容詞（attractive, gorgeous, young, hopeful, sad, uncomfortableなど）が、教科書本文の登場人物のGeorgiaもしくはRubyどちらの人物の特徴を表しているかを答えるような問題がある。形容詞1語の扱いであるため取り組みやすいプラクティスだが、本文を通して登場人物の性格や行動を理解し、なぜその形容詞が登場人物の特徴に当てはまるのか、その根拠も学習者に考えさせるプラクティスとなっている。

なるほど、フィンランドの教科書は、内容理解に関するプラクティスだけを取っても、さまざまな種類を提供し、それを学習者に取り組ませることによって、本文を何度も読み返させ、内容理解につなげていく仕組みになっていることがわかる。

✚ 本文の内容理解を支えるためのプラクティス

（2）の本文の内容理解を支えるためのプラクティスとして、語彙のプラクティスと文法・

翻訳プラクティスが挙げられる。日本の中学校教科書には語彙リストが掲載されているだけで、それに関するプラクティスはほとんど見られない。一方、フィンランドの教科書には、小学校の教科書分析でもそうだったが、語彙学習にも重きが置かれており、本文中の語彙や表現の定着を図るために、多種多様なプラクティスが提供されている。クロスワード、同義語探し、定義に当てはまる単語の書き取り、仲間外れ選びなどが典型的な例だ。

与えられた形容詞（beautiful, greasy, huge, unhealthy, mouth-watering）を用いて、文を作るプラクティスもよく見られた。mouth-wateringは日本語で「よだれが出るような」という意味だが、日本の場合なら、一語一訳で覚えさせてしまいがちなところ、フィンランドの教科書では、それがどのようなときに使えるか、具体的に考え表現させる（あるいは調べさせる）。ちなみに読本の本文では、家族でバーベキューをしている場面で、'The beef and pork look mouth-watering.'という英文の中でmouth-wateringが使われている。

日本の学習指導要領では、語彙は文脈の中で使いながら学ぶと謳われているものの、語彙に関する活動がほとんど用意されておらず、また定着を図る手立ても見られず、学習者の努力に委ねられる。結果、学習者は「語彙学習＝暗記学習」と捉えてしまいやすくなる。単語をただひたすら暗記しなくてはいけないような場合、学習者は暗記に対して退屈を感じ、苦手意識を持ってしまう。一方、フィンランドの教科書の語彙学習は、本文の内容理解を支えるだけでなく、学習者がそれらを活用することをめざし、その手立てをプラクティスで提供している。今後おおいに参考になる部分だろう。

さて、本文の内容理解を支えるもうひとつのプラクティスとして、文法・翻訳プラクティスがある。本文で使われている文法項目や重要表現に着目し、定着を強化するものだ。教科書には、並べ替え、翻訳、穴埋めなどのプラクティスが提供されており、日本とよく似ている。しかし特筆すべきは、文法プラクティスではあるものの、ペアによるやりとりや、学習した文法項目を使う設定のプラクティスが多いことだ。たとえば本文の内容をフィンランド語から英語に直し、その後、本文からその答えを抜き出し、ペアでQ＆A形式のやりとりをするようなものである。

ちなみに本章では、本文の内容理解に関するプラクティスに焦点を当てているが、教科書*Spotlight*には、本文の内容に関する文法プラクティス以外に、Grammar Talkと呼ばれるセクションが設けられており、そこでは、レッスンごとに6～8ページにわたり文法に関するプラクティスが並ぶ。今回分析対象とした本文の内容に関する基本的なプラクティス以外にも、文法プラクティスが非常に多く提供されており、徹底している。

✚ 本文の内容理解後のプラクティス

フィンランドの教科書は、（3）の本文の内容理解後のプラクティスが充実している。本文の内容理解後の発展活動には、ライティングや、プレゼンテーション／調べ学習型の2種類のプラクティスが提供されている。ライティングに関しては、条件をつけて書くなど制限作文から自由英作文まで幅広い。本文の内容の再構成や、本文の続きを考える活動、本文に対する感想や自分の意見を加えさせたりと、本文の内容理解に基づいているため、無理なく取り組むことができ、かつ学習者に身近なテーマを扱っている。

たとえば、ティーンエイジャーの親への反抗を扱った本文では、ライティングプラクティスとして、「どういうときに親に反抗するかリストを作り、どのようにしたらうまくやっていけるか親にアドバイスをする」「若者が自分の親に同意できないリストを作る」（*Spotlight 9*, p.39）などがあり、学習者の関心を引く切り口となっている。

プレゼンテーション／調べ学習型のプラクティスに関しては、他の教科の学習内容に関連づけているものが多く、英語を用いて課題解決を図る力などを育成しようとする意識が感じられる。中学校1年生、2年生の教科書では、ひとつのトピックに関するプレゼンテーション／調べ型学習を行なわせているが、中学校3年生になるとＤＩＹ（Do It Yourself）と呼ばれるセクションが設けられており、複数のトピックを提示し、学習者が自分の好きなものを選択できるようにしてある。たとえば、中学校3年生ユニット4の本文は、インドに関する内容の学習となっているが、そのＤＩＹには10個のトピックが提示されている。

（1）魅力あるインド旅行の広告を作ろう
（2）インドに関するクイズを作ろう
（3）タージ・マハルについて説明しよう
（4）インドの都市をひとつ選び、その都市について調べよう
（5）マハトマ・ガンジーやマザー・テレサ、あるいはその他インドの有名な何かひとつについて調べよう
（6）インドが発明・発見したものについて調べよう
（7）インドの野生動物について調べよう
（8）インドのスポーツについて調べよう
（9）インドの祭りや祝いについて調べよう

(10) インドの宗教について調べよう

これらのトピックは、社会の教科内容とも関連がある。日本の場合、プレゼンテーションもしくは調べ型学習のトピックは通常ひとつなので、学習者にとって話せない（もしくは書けない）トピックであれば、自信をなくしてしまうこともありえるが、フィンランドの教科書には複数のトピックが与えられているため、自分の取り組めるものを選ぶことができる仕組みとなっている。これは他の種類のプラクティスにも言えることで、プラクティスが充実しているため、教員も生徒も自分が必要とするものを選択することが可能だ。

✚ プラクティスの展開

図3はこれまでの分析結果から各プラクティスの展開をおおよそまとめたものだ。図のようにフィンランドの教科書では各プラクティスにつながりがあり、組織的な展開がなされている。本文の内容理解をじゅうぶん行ない、同時に語彙・表現、文法を定着させ、そして学習した内容を活用する場面がプラクティスを通して与えられている。そして最終的には英語

で自らの意見を述べるプラクティスへと続いていく。これらの点から、フィンランドの教科書ではアウトプットを急がず、じゅうぶんなインプット、インテイクを経てアウトプットにつなげていることがわかる。

この図を見ると、プラクティスの量や質、ペアやグループでの実践の有無はさておき、日本の中学校教科書もほぼ同じような展開をめざしているように思えるが、フィンランドの中学校の教科書の恐るべき（?）点は、本文内容の量にある。*Spotlight*では、ユニットひとつごとにおよそ4～5種類の本文が掲載されている。学年が上がるにつれ本文の量も多くなり、中学校3年生あたりでは、日本の高校レベルの内容量になっている。

✚ 現実感のある話題

フィンランドの中学校教科書のトピックは、身近な話題から社会的な話題まで多岐にわたるため、読んでいて面白い。日本の教科書でよく見られる異文化理解や環境問題などの話題ももちろん取り上げられているが、たとえば、サ

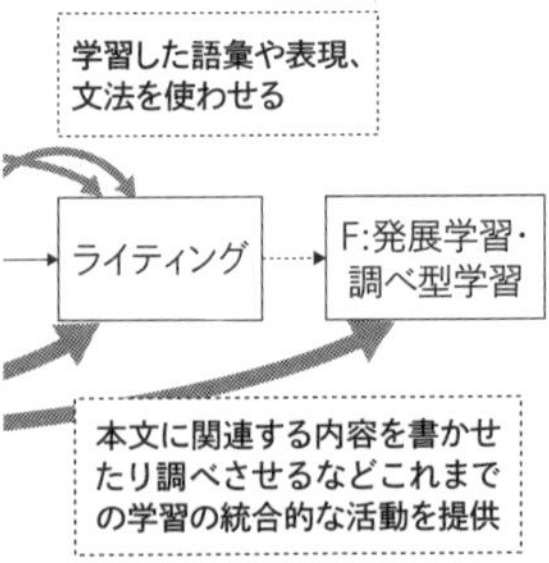
学習した語彙や表現、文法を使わせる
ライティング
F:発展学習・調べ型学習
本文に関連する内容を書かせたり調べさせるなどこれまでの学習の統合的な活動を提供

イバーブリー（ネットによるいじめ）に遭ったらどうするか、真の友人とはどんな人であるか、ティーンエイジャーたちの悩みなど、学習者が興味を持ちそうな話題が用意され、学習者にとってはリアルな印象があるにちがいない。日本でサイバーブリーの話題を取り上げようものなら、実際サイバーブリーに遭っている学習者がいたらどうするのか⁉と非難されそうだが、フィンランドではおかまいなしだ。いや、逆にこういう形でアプローチすることで、サイバーブリーに遭遇したときの対処法を英語学習を通して示しているのだ。

また中学校1年生のユニット6は、顔にコンプレックスのあるティーンエイジャーが悩みを打ち明け、その相談に答える内容になっている（日本では、このような話題を出す教科書はまずないだろう）。そして、教科書には本文の登場人物ロイの実物の写真が掲載されており、「ロイのように多くのティーンエイジャーは自分の見

図3　プラクティスの展開概略

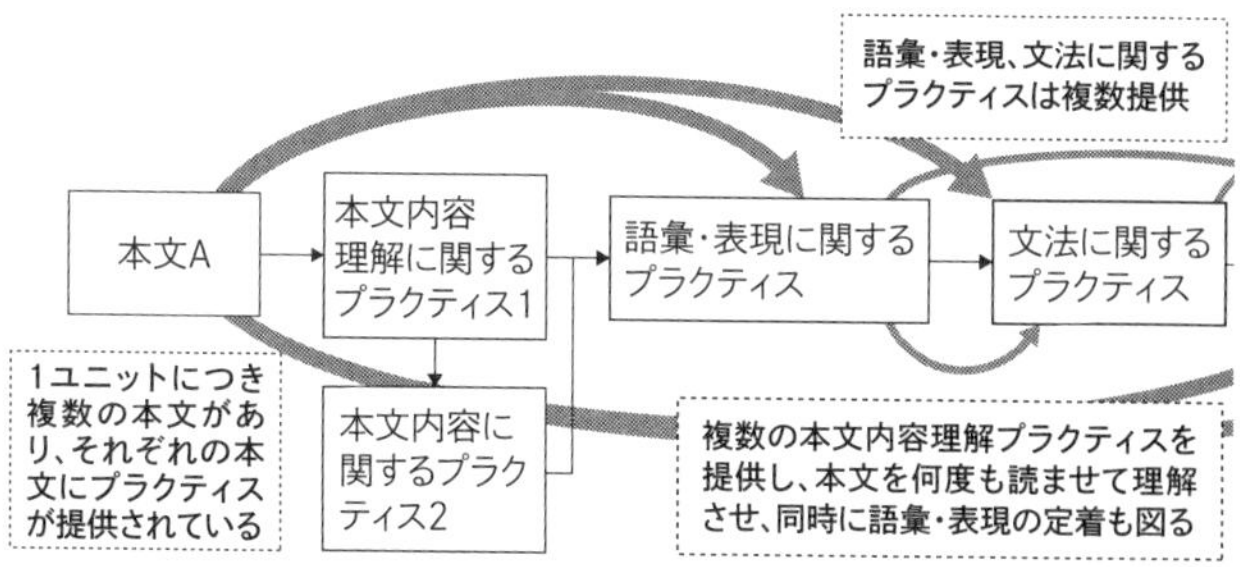
語彙・表現、文法に関する
プラクティスは複数提供
本文A
本文内容
理解に関する
プラクティス1
語彙・表現に関する
プラクティス
文法に関する
プラクティス
1ユニットにつき
複数の本文があり、それぞれの本文にプラクティスが提供されている
本文内容に
関するプラクティス2
複数の本文内容理解プラクティスを
提供し、本文を何度も読ませて理解させ、同時に語彙・表現の定着も図る

た目を気にしている。でもエド（アドバイザー）は『心配する必要はないよ。ハッピーでいこうよ』って言っているよ」というメッセージが掲載されている。

これはほんの一例だが、このように現実感のある話題を持ってきて学習者の関心を引きつけ、あなたはどう考えるかと問題提起をするのだ。現実感がある内容だからこそ、自分の問題として捉えることができ、自分ならこうする、自分ならこう答えるという姿勢が培われるのではないだろうか。

フィンランドの7年生から9年生用ナショナルコアカリキュラムでは、教科書で取り上げるトピックに関しては、「生徒がさまざまなコミュニティにおいて使用する英語、また生徒が話題とする出来事や生徒の関心を引き、中等教育の方向づけとなるような観点から選択すること（FNBE, 2014, p.1188）」とある。同時に「生徒が、ローカルにそしてグローバルな行為者（agency）となるような、そして実生活や学習で必要とされる言語能力という観点から選択すること（FNBE, 2014, p.1188）」としている。フィンランドの中学校の教科書の題材を見てみると、改めてナショナルコアカリキュラムの方針に沿っていることがわかる。

2 高校の教科書は大学レベル。でもやはり面白い

✚ 義務教育終了後の進路

さて、高校の英語はどうなっているのだろうか。

その前にフィンランドの義務教育修了後の進路の説明を加えておく。

義務教育段階である基礎教育修了後は、高等学校もしくは職業専門学校のどちらかに進学する。フィンランドでは、2018年のデータでは高等学校が336校、職業専門学校[2]は109校あるとされている（Statistic Finland, 2019）。日本とちがい職業専門学校に進み、資格を取り、手に職をつけたいと考えている生徒も多く、その職種は160にも及ぶ（飯田・米崎，2010）。基礎教育課程終了後の一般の高等学校への進学率は55パーセント、職業専門学校へは39パーセントとなっており、約3パーセントがもう1年基礎教育を受けている（Vossensteyn, 2008）。

フィンランドの高等学校は単位制・5学期制をとっており、1学期は6週間となっている。授業は1コマ75分で、各学期4〜7つの単位をとることになっている。卒業には75単位をとることが義務づけられている。生徒たちは自分の受ける授業に間に合うように出席すればいいだけで、自分の授業が終われば帰宅する。日本の高校のような学級単位はなく、どちらかといえば大学の授業のような感じだ。

✚ 高校英語は内容中心。でも文法も教えている

フィンランドの高校の教科書は、町の書店でも手に入れることができる。高校の教科書には付属のワークブックはない。しかし、やはり分厚い。高校の教科書とはとても思えず、大学レベルの英語内容、そして量である。中身は中学校と同様、固い内容ばかりでは決してなく、学習者の興味を引きつける話題も多い。題材に関しては表2にあるようにそれぞれのテーマがあり、それに対して2〜3題のテキストが用意されている。読む量も半端ではない。目次にはヨーロッパ言語共通参照枠（CEFR：Common European Framework of Reference for Languages）が示されており、B1からC2までのレベルになっている。[3] 高校段階でC1やC2レベル

の題材が掲載されているのには驚くしかない。ちなみにC1は、日本の文科省（2018）が発表している各資格・検定試験とCEFRとの対照表によると、英検1級（スコアでいうと3299―2600点）、IELTS（International English language Testing System）では7・0―8・0、TOEFL iBTでは120―95点となっている。

洋書からの抜粋や、インターネット上からの題材が多いため、よりオーセンティック（authentic 本物らしい）な英語が使われている。また写真がふんだんに掲載されており、デザインもフィンランドらしくオシャレな感じがする。

私が教えている学生に言わせると、こういう印象は英語学習においてとても大事だそうで、いいデザインだと学習に対してやる気が出てくるとのことだが、まあ、ある面そうかもしれない。

本文の内容についつい注目してしまうが、教科書には文法学習も掲載されている。また高校卒業資格を兼ねた大学入学資格試験（Matriculation Examination）にも文法に関する問題が出題されるため、文法学習も重視されている。試験対策として文法専門の問題集も出版されており、高校レベルなら英文法はもう学ぶ必要がないというわけではない。

ただフィンランドでは、小学校から正式な文法学習が始まっているため、高等学校になる

コース	テーマ	テキストタイトル	CEFR レベル
5	1 Film	1. Fantastic Faces of Film	C1
		2. Die Another Day	C1
	2 Visual Arts	3. The Perfect Biscuit Tin	B2.2
		4. Truth Is the First Casualty	B2.2
		5. Extended Oral: Literary Circles	―
	3 Literature	6. The Book Thief in a Room of Plenty	B2.2
		7. The Ode Less Travelled	C1
	4 Music	8. Classic Metal Never Rusts	C2
		9. Jean Sibelius: A Reminiscence	B2.1
6	1 Economy	1. A British Pound Coin	B2.1
		2. Not for Sale	B2.2
	2 Technology	3. A Vision of Tomorrow Today	B2.2
		4. Total Blackout	B2.2
		5. Extended Oral: Media Watch	―
	3 Life Science	6. Blink	B2.2
		7. The Automated Driver	B2.2
	4 Natural Science	8. So You Want to Become a Fossil	C1
		9. What I Believe but Cannot Prove	C1
7	1 Environment	1. A Knight in the Woods	B2.2
		2. Inside of Minds of Animals	C1
	2 Society	3. Final Call	B2.1
		4. Recipes for Disaster	B2.2
	3 Economy	5. Ultimatum	B2.2
		6. Going Nuclear?	C1
	4 Culture	8. Meanwhile Back at the Ranch	B2.1
		9. Rare, Medium or Well Done?	C1

＊コース 4 には CFER レベルの記載なし

出典：*Open Road Course 1, 2, 3, 4, 5, 6, 7*

表2　フィンランドの高校教科書（*Open Road*）における題材およびCEFRレベル一覧

コース	テーマ	テキストタイトル	CEFRレベル
1	1 Identity	1. A new Beginning	B1.1
		2. So Much to Gain	B1.2
	2 Love and Looks	3. Love Letters	B1.2
		4. Every Shoe Tells a Story	B1.2
		5. Extended Oral: Moving Out	—
	3 Home and Family	6. Little Dude and Little Big Tom	B2.1
		7. The Life and Time of the Thunderbolt Kid	B2.2
	4 Values and Lifestyles	8. Playing with Fire	B2.1
		9. Sweet Dreams Are Made of This	B2.1
2	1 Leisure and Hobbies	1. Same Old Same Old	B2.1
		2. Dogs Behaving Badly	B1.1
	2 Music and Youth Cultue	3. Griff's Tiff	C1
		4. A Tough Homecoming	B1.2
		5. Extended Oral: Perfect Presentations	—
	3 Sport	6. A Wave of Sound	B2.2
		7. Going for Gold	B2.1
	4 Travel	8. California Dreaming	B2.1
		9. Long Way Round	B1.2
3	1 Live and Learn	1. A Future of Sports	B1.1
		2. Finnish Whizz Kids	B2.2
		3. All the Way from Australia	B1.2
		4. Exam Rites	C1
	2 Work and Play	1. Gap Year in China	B2.2
		2. Careerwise	B2.2
		3. This Acting Life	C1
		4. Ben and Jerry's Scoop Success	B2.2
4	1 Northern Exposure	1. A Finn from Afar	—
		2. Stealing the Scream	—
	2 New World	3. A Change Is Gonna Come	—
		4. This Is Where I Come from	—
		5. Extended Oral: For or Against?	—
	3 Eastern Promises	6. The Seven Deadly Sins	—
		7. Maryam's Marriage	—
	4 We're All in This Together	8. Just Can't Get Enough	—
		9. Human Trafficking	—

と、図5に示されているように徐々に文法を学習する必要は低くなり、より内容を重視した授業へと変化するわけである。

✚生徒たちは自分のパソコンを持参

2019年9月にタンペレにあるタンメルコスキ高校を訪問する機会があった。この高校の英語授業を見学した際驚いたことは、生徒たち一人ひとりが自分のパソコンを持参していたことだ。小学校や中学校の英語授業でもデジタル教材化が進んでいたが、高校ではもっと進んでいる。配布、提出はオンライン上でなされ、小テストまでもオンライン上で行なわれていた。まさにペーパレスの世界だ。

フィンランドでは2019年より大学入学資格試験の形式が変わり、これまでのペーパー試験がなくなった。受験者は各自ノートパソコンを持参して、オンライン上で受験する。その影響を受け、高等学校では数年前から生徒は自分のノートパソコンを持参して授業を受けているとのことだ。ノートパソコンを持っていない生徒には、貸し出しがある。

同校のハルカライネン先生による高校2年生の授業では、授業始めに小テストが実施されていて、その様子を見てみると、生徒たちはMoodle[4]を使い、各自のパソコンで小テストを受験していた。提出ももちろんオンライン上で行なっている。私はこのクラスの生徒たちに研究のためのアンケートを依頼したのだが、なかにはクラスメートに鉛筆を借りている生徒も複数いた。日頃もう鉛筆は使用していないため持ってきていないのか、あるいはたまたまなかったのか……。

図5　授業内容の推移

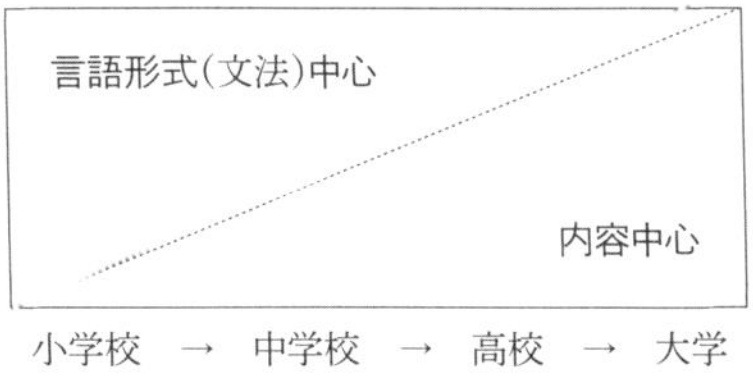

出典：伊東(2014)

3 生徒たちのスピーキング力とその内容

非常に高いレベルのプレゼンテーション

教科書や授業の様子を中心に述べてきたが、生徒たちの英語力は中等教育に進むとどう変化していくのだろうか。学校訪問をした際は、できるだけ児童・生徒と話をするようにしているが、学年が上がるにつれ徐々に、しかし確実にじょうずになっているという印象を受ける。ただ全員が流暢にしゃべれるというわけでは決してない。

本章では生徒たちのスピーキング力だけではなく、その話す内容に関して印象深かったエピソードをふたつ記したい。

フィンランドのタンペレ市にあるタンペレフィンランドインターナショナルスクール（FIST）の中学校3年生の英語の授業を見学したときのこと。フィンランドでは私立学校がほとんどなく[5]、このインターナショナルスクールも公立だ。日本でインターナショナルスクールといえば、英語ネイティブの教員がメインで教えているイメージがあるが、このインターナショナルスクールの教員はほとんどがフィンランド人だった。児童・生徒の人種も多種多様とのことだったが、見たところフィンランド人の児童・生徒が多かった。

このインターナショナルスクールは小学校から中学校まであり、最終学年の中学校3年生ともなると、英語はかなりできるようだ。しかし、驚いたのはそのプレゼンテーションの内容だった。

そのクラスでは授業の始めに、毎回1組によるパワーポイントのグループプレゼンテーションが行なわれていた。その日は、男子生徒2名と女子生徒1名のグループが担当だった。

教室の前後両方にスクリーンが備えつけてあり、同じ画面が映し出されるようになっている。なるほど、これなら発表者は下を向いて用意した原稿を読まず、必要なら後ろのスクリーンを見ながら、顔を上げて発表できるではないか！　発表前に、教室の設備にまず感心してしまった。

さて、このグループの発表内容だが、イラクのフセイン政権におけるクルド人大量殺戮だった。フセイン政権が、なぜ、そしてどのようにどれだけクルド人を殺害したかを発表していた。ただ発表の声は、思春期で少し照れもあるのだろうか、やや小さく聞き取りにくかった。しかし、流暢な英語だ。フィンランド人の中学校3年生は大変大人びて見え、また発表内容が内容だけに、一瞬ここは高校か、あるいは大学かと思ってしまった。中学校3年生でこういう話題を持ってくるとは。

化学兵器、大量殺戮など語彙レベルが高く、スライドの英語もしっかりしており、私が教えている大学生の英語レベル（いや、それ以上）である。最後にはきちんと引用文献も記している。教室は照明を消していたため暗がりではっきりとはわからなかったが、発表者たちは、もしかしたら、後ろのスクリーンを見ながらだったかもしれないが、原稿は見ずに発表していた。スライドをそのまま読んでいる箇所があったとしても、自分のことばでまとめていたように思う。

トピックの指定があったかどうかは措《お》くとして、果たして、日本でこのような話題で発表できる中学生はどれくらいいるだろうか。ちなみに、この授業担当の教員に発表のために準備時間は与えたのかと聞くと、2時間くらいは取ったとのこと。これだけのものをたった2時間で準備できるとは……。

✚ 発表したプレゼンに関するクイズも自分で作る

驚きはこれだけで終わらなかった。発表を終えた生徒たちは、自分たちのプレゼン内容に関する問題を作ってKahoot![(6)]を使い、クイズを出題していた。発表を聞いていた生徒はプレゼン内容に関する質問にスマホで回答する。回答時間は結構短いのだが、どの問題も正解率は8割を超えていた。発表が10分くらい、質問が5~6分で、授業を生徒たち自身が作り上げており、担当教師はただ教室の隅にいて、彼らの様子を見ているだけだ（ここで評価や観察をしているのである）。

もちろんこれはインターナショナルスクールという特殊な学校での一例にすぎず、すべての中学生がこのようなわけではない。実際このクラスにもさまざまな生徒がいて、授業についていけないのだろうか、教室の後ろに座ってスマホをいじり、教師に授業に参加する意思があるか聞かれていた生徒も2～3名いた。

英語力に関してだけでなく、どのようにして、社会的な話題に関心を持たせたのか、なぜこのトピックを選んだかのを教師や生徒に聞きそびれてしまったことを、後悔している。

ただ、自律した学習者とはどういうものであるか、そのモデルを見た気がする。日本でも次期学習指導要領では「自律した学習者の育成」が謳われているが、どのようなレベルなら自律した学習者として認められるのかが明確でない。この中学生たちがいるのはインターナショナルスクールで、他教科も英語で授業が行なわれているという特別な環境下にあり、日本で同じようにいかないことは重々承知のうえだが、将来の目標を見せてもらったように思う。

タトゥーをめぐるディスカッション

次に、先に触れたタンメルコスキ高校のオーラルスピーキングの授業を見学した際のエピソードを紹介したい。この授業は高校1年生用だが、なかには上級生も選択しているとのこと。授業担当のヤーッコ先生は高校教科書の執筆者でもあり、かなりの英語力を有し、生徒からも信頼されている。

この授業でヤーッコ先生は、私のことを生徒に紹介してくれ、何か質問はあるかと彼らに問いかけた。最初は手が挙がらず、このへんは日本と同じだなあ、私の生徒も手が挙がらないだろうなあ……と考えていた。ヤーッコ先生が「ミチが日本へ帰ったら、フィンランド人の生徒はゲストに関心がなく、誰も質問をしなかった、とこぼすよ」と冗談を言ったところで、ひとりの女子生徒が手を挙げた。

「日本人はタトゥーをするの？」

おっと、タトゥーか、あまり詳しくないんだけどなと思いつつ、最近は日本でも若い世代にはファッション感覚でタトゥーをする人がいるが、昔はタトゥーをしている人すなわちマフィアというイメージが強かった。だから今でもタトゥーをしている客を拒む店も日本にはある、などと説明した。

「へえ、そうなんだ。フィンランドもそうだよ。昔はタトゥーをしている人はマフィアか犯罪者だったんだ」

ヤーッコ先生がそう言うと、

「えー、うそ！　私タトゥーしてるわよ」

「私もよ」

とざわつく生徒たち。

「みんなタトゥーしてるの？　タトゥーは学校で許されるの？」

と逆に聞いてしまった。

「日本はダメなの？」

さらに、逆に驚く生徒たち。どうやらフィンランドの高校ではタトゥーは許されているようで、最近の生徒たちにとってタトゥーは普通らしい。ひとりだけ、タトゥーをすることに絶対反対だと言う生徒もいたが、家系の伝統的なタトゥーを入れているという生徒も現れ、その意匠を直接見せてくれた。

ヤーッコ先生は、最近の若者がタトゥーをファッション感覚でしていることは認めつつ、ただ顔一面にタトゥーを入れる感覚がわからないとコメントした。これに関しても再び賛否両論。クールだと言う生徒もいれば、顔全体はやりすぎだと言う生徒もいた。このタトゥーの話題で、教室はかなり盛り上がった。もちろん会話はすべて英語で行なわれている。

「日本の学校はなぜ生徒に厳しいの？」

「ほかに質問はあるかな？」とヤーッコ先生は、まだ発言をしていない生徒を指名した。ちなみにこの授業は11名の少人数なのだが、席は自由らしく、よく発言する生徒は教室の前方に座り、消極的な生徒は後部に座っていた。前の席にいる生徒は7名、後ろに座っている生徒は4名。後ろの4名は英語の発言が少なく、自信がない感じだった。座席の選択に関しては日本と同じ傾向が見られるのが面白い。

さて、指名された男子生徒は、「えーと、質問、そうだなあ……」と考え込んでしまっていた。

「質問を作るって難しいよねえ。私も生徒に質問づくりのエクササイズをさせていますよ。それくらい質問を作るのって難しいものです」

私は思わず、そうフォローした。実際そうなのだ。質問はその内容も考えなくてはいけないし、英語でどういう疑問文にするか考えなくてはいけないので、負荷がかかる。

そのとき、その生徒が口を開いた。

「日本って人口が多いでしょ？　人口が多いなかで生きるのって何が難しい？」

一瞬、時が止まった。なんと素晴らしい質問。もちろん英語である。「いい質問ですよね」と受けてから、朝の通勤ラッシュや交通渋滞の話、競争社会になってしまうリスクの説明をした。「フィンランドはどう？」と聞くと、フィンランドにもフィンランドなりのラッシュがあり、生徒は生徒なりのストレスがあることを説明してくれた。

そのあとも、答えに悩む素晴らしい質問が続いた。たとえば別の女子学生は、

「先ほど自己紹介でフィンランドが好きだって言ってたけど、フィンランドの何が好きなの？」

これは簡単。フィンランドという国の素晴らしさを自身の体験も踏まえて話し、フィンランド人の親切さもそのひとつだと挙げると、

「私たちフィンランド人は他のヨーロッパ人と比べると、静かな国民と言われてるの。愛想もないでしょ？　自分からは絶対話しかけないし……」

と、先ほど質問した女子生徒。

「そうそう、自分からは絶対話しかけないよね」と別の生徒。

「えっ、そうなの？　でもそこがいいじゃない。日本人もそういうところあるよ」

ここでフィンランド人の挨拶の仕方を教えてもらう。「おはよう」と言われたら「おはよ

う」と、シンプルに愛想もなく返すだけで、英語のように“How are you doing?”などと聞き返したりしないらしい。たしかにシンプルだが、日本人にもそういうところがあると伝える。

続けて、次のような質問があった。

「なぜ日本の学校は生徒に厳しいの？」

「………」

これには、はたと考え込んでしまった。

この生徒は、日本では髪の毛を染めることが禁止されていること、制服があることをどこかで知り、先ほどのタトゥーの話も受けて、なぜそこまで厳しくするのか疑問に思ったようだ。フィンランド人の生徒たちは、日本の学校は生徒に厳しいと捉えているようである。

日本の社会では集団主義（collectivism）が尊重されており、最近では変わりつつあるが、その影響を受けて、学校教育段階では統一したがるのかなあと答えになっていない返答をしてしまった。

読者の皆さんなら、この質問にどう答えられるだろうか。

困らされた質問

最後にもうひとつ、答えあぐねた生徒からの質問を記す。それは、「あなたはさっき、フィンランドの英語教育の研究をしているって言ってたけど、それをして、どういうことにつなげたいと思っているの？　研究の目的は何なの？」というものだった。

このことばには、まいった。自分の研究そのものが問われている。その場では、海外の外国語教育においては成功している国ってそれほど多くなく、そのなかでもフィンランドは成功しているとされる国であることを説明し、その実態調査をしたいことをまず挙げた。日本でも２０２０年から小学校に外国語が教科として導入されるが、それに伴いさまざまな問題が生じていること、また既存の問題も多々あること、それらの問題をフィンランドの英語教育ではどのように対処しているのかを研究して、その示唆を得たいのだと説明した。

とはいえ、若い人たちから単刀直入に問われ、改めて考えてしまった。自分はなんのために研究しているのだろうか……おかげで、己の研究の原点に立ち返るよい機会となった。

高校生とディスカッションの時間を得ることで、彼らの英語力を知ることもできた。ただし、「前のほうに座ってよく発言してくれた生徒たちの」という限定がつくが。紙幅の関係で、実際高校生がどのような英語を話していたかは割愛するが、普通に英語でやりとりができ、そして自然に自己表現ができている。身近な話題だけでなく、ある程度の幅広い話題に関しても説明できる力があった。この「説明できる」というところがポイントだ。

ヤーッコ先生曰く、この学校は決してトップ校ではないらしい。大学入学資格試験の英語のスコアは、平均点レベルということだ。

フィンランドでは、大学入学資格試験以外に、高校修了試験が校内で実施されており、この試験にはスピーキングも課されるという。在籍高校の教員が面接官となり、評価もその高校の教員が行なう。ヤーッコ先生曰く、この学校のほとんどの生徒はB1、B2レベルまで達するとのこと。なかにはA2レベルの生徒がいる一方で、C1レベルにまで到達する生徒もいるそうだ。授業見学をさせてもらったクラスの生徒の多くは、現時点でB1、B2レベルということだった。

流暢さだけではなく、何を話すか、何を語るかという深みまで伴っているフィンランドの高校生たち。高校生とのディスカッションは率直に楽しかった。そして、フィンランド基準のB1、B2レベルが実際どのようなものであるかを実感することもできた。

改めて言わせてもらおう。フィンランドの高校生の英語レベルはたいしたものだ。

注

（1）本節の一部は、米崎・川見（2019）「フィンランドの英語教科書における本文内容理解を促進するためのプラクティス分析」第45回全国英語教育学会弘前大会自由研究発表内容がもとになっている。

（2）職業専門学校は vocational institutes（84校）、special needs vocational institutes（5校）、special vocational institutes（20校）を含んでいる。

（3）ＣＥＦＲは、２００１年欧州評議会が、異言語教育のシラバス、カリキュラム、教材、試験などの作成および学習者の能力の評価に当たって、ヨーロッパにおける共通の基準を示そうとしたものである（大谷, 2010）。

ＣＥＦＲの言語能力の段階レベルは、大きくＡ（基礎段階の言語使用者）、Ｂ（自立した言語使用者）、Ｃ（熟達した言語使用者）の３つに分けられている。それぞれの段階をさらに2段階に分けて合計6段階のレベルを設定している。フィンランドではＣＥＦＲをもとに自国版のＣＥＦＲを作成し、Ａ1、Ａ2、Ｂ1、Ｂ2をさらに2段階に分け、Ａ1・1、Ａ1・2、Ｂ1・1、Ｂ1・2、Ｂ2・1、Ｂ2・2と設定し、合計10段階としている。

（4）オンライン上で学習管理システムができ、学習コースを作ることができるパッケージソフトを提供してくれる。

（５）フィンランドの私立学校の割合は２０１７年度総合学校では３パーセント、高等学校では９パーセントとなっている（Eurydice, 2019）。

（６）ノルウェーで開発されたＩＣＴ教育のソフト。教師のパソコンと学習者のスマホやタブレットをつなぎ、リアルタイムで選択クイズを作成することが可能。

第5章

先生はこうやって教えている

——教師の自律性のある授業

1　学校教育のすべての指針＝ナショナルコアカリキュラム

✚ すべての根源

フィンランドの学校教育の指針は、ナショナルコアカリキュラムに記されている。ナショナルコアカリキュラムは日本と同様10年に一度改定される。現行のナショナルカリキュラムは基礎教育では２０１４年、高等学校では２０１５年に改定されたものだ。

ナショナルコアカリキュラムには、教育課程全体の目標や内容、そして各教科の目標や指導方法、児童・生徒に対する評価が記されている。教育の指針となる最も重要な文書とされているため、各自治体、学校、教師、出版社などはナショナルコアカリキュラムの方針に沿って指導を行なう、あるいは教材を作成しなくてはいけない。ゆえに、フィンランドでは、インターナショナルスクールでも、ナショナルコアカリキュラムに沿った指導が義務づけられている。

フィンランドのナショナルコアカリキュラムは、大まかな枠組みだけが記されているだけで、実際は学校や教員の裁量に委ねられている。教えるべき文法項目も記されておらず、学習語彙数の指定なども記載されていない。また教科書を使うことさえ必須ではない。教育のすべてを担っているナショナルコアカリキュラムだが、現場の教員はそれほどナショナルコアカリキュラムを気にしているわけではない。教科書がナショナルコアカリキュラムの方針に従って作られているものと認識しており、その教科書に従って指導している。

2 読本・ワークブックへの信頼が厚い

✚ 教材に対するアンケート

私が見学をさせてもらった授業の多くは、読本とワークブック2冊併用の教科書に沿っていた。実際、教科書が主要な教材だという調査結果もあるので、ここで紹介したい。

Luukka et al.（2008）は、324名のフィンランド人外国語担当教員を対象にし、5件法[1]で日常使用している教材を尋ねた。その結果、98パーセントの教員が教科書の読本をよく使用していると回答し、94パーセントの教員が教科書のワークブックと回答している。また84パーセントが教科書準拠のデジタルテキストと答えており、配布プリントは69パーセントとなっている。同調査では1720名の中学生に対してもアンケートを行なっており、英語の学習で使う教材は何かを尋ねたところ、教科書の読本と答えた中学生は94パーセント、また教科書のワークブックと答えた中学生は90パーセントとなっている。デジタルテキストは75パーセントだった。そして、対象となった中学生に、「外国語学習において教科書は最も重要な学習教材である」という項目に対して20パーセントだけが、そう思わないと回答している。

別の調査では、Ito（2010）は、フィンランドの小学校5年生180名に対するアンケート調査を行ない、「教科書は英語学習におおいに役立ってきた」という項目に対して、肯定的回答の平均値が5件法で4・27となっている。ちなみに同じ項目で日本の中学生154名の平均値は3・59であった。同じくIto（2013）が英語教師にフィンランドの英語教育の成功要因を問うアンケート調査を行なったところ、英語の教科書と答えた回答の平均値は、5件法で4・50という数値になっている。

もっともフィンランドでは、日本のように市販の英語教材がそれほど流通しておらず、教材が限られているため、また英会話スクールや塾など学校外で学習する環境がないためとも言えるが、それらを考慮に入れても、教科書への信頼が教師、生徒ともに厚いようだ。

✚デジタル教材の積極的な活用

フィンランドの教育文化省は、将来すべての教材をデジタル化にすることをめざしており、その理由としては、節約を生み出すためとしている。資源の節約、教員の時間節約などが挙げられるが、学校現場では予想以上にデジタル化が進んでいた。デジタル教材といっても紙媒体の教科書の読本やワークブックをPDF化したものにすぎない場合もあるが、フィンランドの場合は、読本、ワークブックの教材がすべて含まれたうえに、エクササイズの答えもアニメーションで映し出され、音声、ビデオクリップ、教科書やワークブック以外のアクティビティやエクササイズなども提供している。教員が欲しいと思うものを提供しているようで、ストレスを感じさせない。

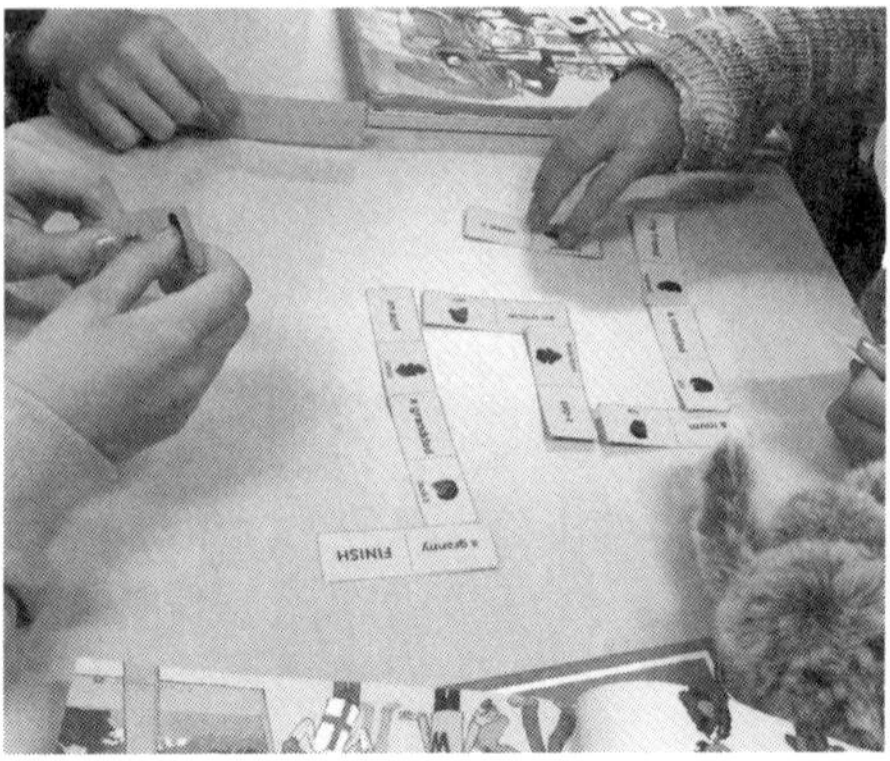

語彙活動の場面

たとえば、上の写真は語彙活動をグループで行なっている様子だが、ここで使われている活動の教材もデジタル教材からとってきたとのこと。ちなみにこの語彙活動では、左半分はフィンランド語、右半分には英語が書かれたカードが、各グループのメンバーに配布される。左右の単語はマッチしておらず、それぞれ別の意味の単語が記されている（たとえば左には a mother、右には serkku：いとこの意）。ひとり目の児童がカードを出し（スタートとなるカードだけは左に Go という英語が書かれてある）、カードの右に書かれているフィンランド語（たとえば serkku）に当てはまる英語（a cousin）を持っている児童が、カードを出す。次に（a cousin と書かれた）カードの右のフィンランド語に当てはまる英語のカードを持っている児童が次のカードを出し、次々とカードを並べていくゲームだ。これを一から教師が手がけるとなると面倒だが、印刷し、カードを切るだけなら簡単だ。フィンランドの先生たちは、こういうゲーム活動を教科書学習の合間に入れることが多く、児童・生徒も喜んで取り組んでいる。

「とても便利よ。私がするのはクリックして児童に示したり、コピーをするだけだから」と英語の先生。

デジタル教材は、小学校だけでなく、中学校・高等学校のほとんどの先生が利用している。

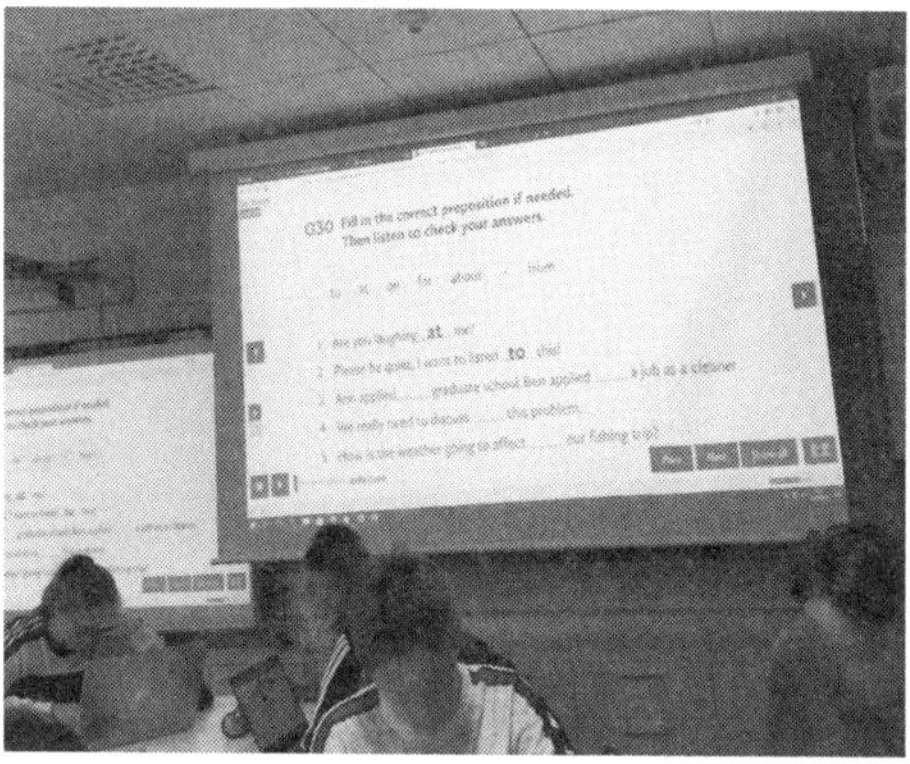

スクリーンに映し出されたデジタル教材

各自のパソコンで問題を解く生徒たち

上の写真は高等学校の授業風景だ。前置詞の文法問題に取り組んでいた。「今日は文法のエクササイズを行なうから、生徒もちょっと退屈かもね」と担当の先生。ちなみに前置詞はフィンランド人にとっても難しいようだ。
教室のスクリーンに

映し出されている画面が、それぞれの生徒のノートパソコンにも映し出されている。生徒たちは空所に適切な前置詞を入れる。しばらくして、答え合わせが始まる。「1番には何の前置詞が入る？」と先生が問いかけ、答えのわかる生徒が返答する。以降の問題も同様に、まず生徒に記入した答えを聞き、その後先生が解説をする。解説はフィンランド語だ。日本の英語の授業の文法解説とよく似ている。

日本でも2025年度までに小中高で児童生徒ひとりに1台のパソコンやタブレットを利用できる環境整備をめざす方針が発表されたが（日本経済新聞・2019年6月25日付）、フィンランドの高等学校ではいち早くノートパソコンの導入が実現していた。ただフィンランドの場合は、個人の所有物としての活用ではあるが。

✚ 教師が作成する教材・活動

フィンランドでは教科書が充実しており、かつ昨今ではデジタル教材も豊富なため、教員は何も準備する必要がないようにすら思える。教科書執筆者でもあるラム先生にその点を尋ねたところ、基本的には教科書やワークブック、そしてデジタル教材でじゅうぶんだが、それ以外にも独自のアクティビティや小テストを作成するとの話だった。そのラム先生による中学校2年生のクラスを見学させてもらうと、主にワークブックに掲載されている活動を用いて授業が展開されていたが、ラム先生が作成した活動を実施する場面もあった。前に行なった授業の復習を目的としたグループ活動だった。

「じゃあ、今からスライドを見せるからね。動物名を英語で書いて。もう教科書で習っているはずよ。グループで答えを考えてね」

動物の名前？　案外簡単なことをしているんだなあと思っていたら、ラム先生が準備した動物のスライドが映し出された。どうやら前回の授業では野生動物がトピックだったらしい。ヘビ、狼、フクロウなど簡単なものもあれば、「えっ、これは何だろう、しかも英語で……日本語でもわからない」と思うようなものもあった。スライドは20枚ほど用意されていただろうか。読本の本文を確認していないが、これだけの動物が本文に登場しているのか……。得点の良かったグループが発表されたが、私はおそらく最低スコアだっただろう。

ラム先生曰く、フィンランドの教科書はたしかに充実しているが、すべて揃っているわけではない。また生徒たちにメリハリをつけさせるために（生徒はすぐ飽きてしまうので）、独自の教材や活動も準備する、とのことだ。ちなみにこの活動時間は、答え合わせも含めて約15分間だった。

英語で書かれた算数の教科書

✚ ＣＬＩＬスクールでは教材作成が課題

フィンランドでは昨今、ＣＬＩＬ（Content & Language Integrated Learning：内容言語統合型学習）と呼ばれる教授法を用いた授業が急速に広まっている。ＣＬＩＬとは「教科科目やテーマの内容（content）の学習と外国語（language）の学習を組み合わせた学習（指導）」の総称で[2]、ヨーロッパで急速に進んでいるものだ。ＣＬＩＬには、４つのＣと呼ばれる要素があり、それらは内容（Content）、言語スキルや言語知識（Communication）、思考力（Cognition）、協同・もしくは文化（Community / Culture）だ。英語授業においては、これらの各要素はこれまで再三強調されてきたが、ＣＬＩＬではこれらの要素すべてを同時に取り入れているところが画期的であるとされている。

フィンランドにはＣＬＩＬスクールと呼ばれる学校がいくつかあり、しかも公立だ。英語だけでなく、フランス語やロシア語のＣＬＩＬスクールもある。トゥルクという都市のＣＬ

ＩＬスクールを訪問した際、何人かの先生に話を聞いたのだが、最初は（今でも）教材を作るのが大変だったという。

たとえば算数を教えるために、英語圏の教科書を取り寄せたこともあるが、結局言語が難しすぎて合わず、海外の教科書を参考にしつつ、自分で教材を作ったそうだ。しだいに資料もだいぶ集まり、内容も定着してきたとはいえ、教材作成には時間がかかっているとのことだ。また、最近はフィンランドの教科書出版社でも、一部の教科では英語で書かれた教科書を出版しているそうだ。前ページの写真は、英語で出版された5年生用の算数の教科書である。

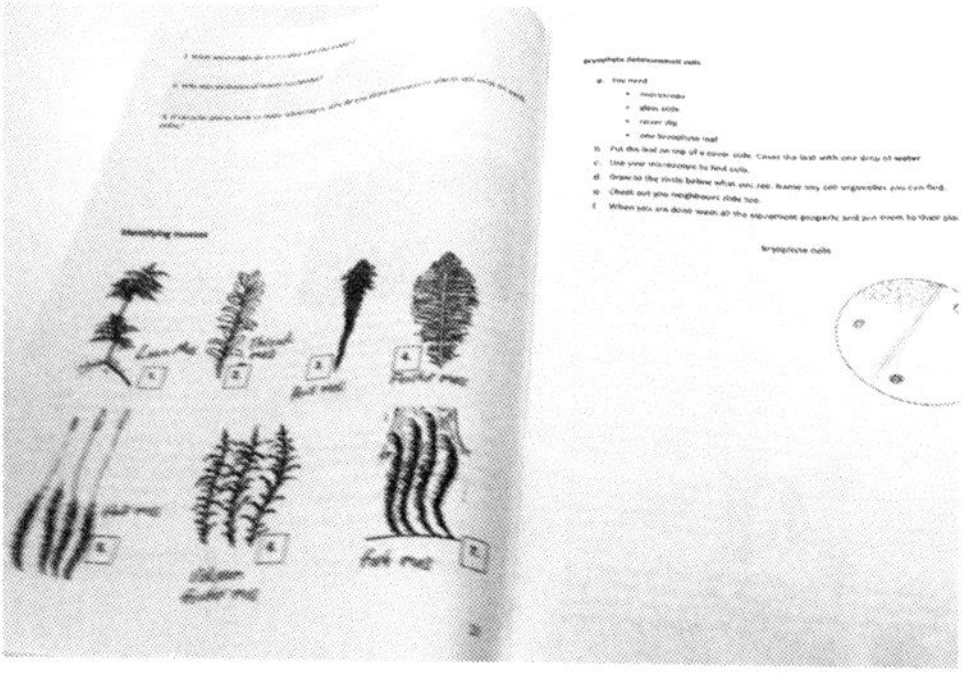
生物の苔の授業のオリジナル教材

同様のことを、タンペレインターナショナルスクールの先生も口にしていた。生物担当のヨハンナ先生は、海外の教科書は英語が難しすぎるので自分で資料を寄せ集めて編集し、オリジナルの教科書として用いているとのことだった。上の写真はその教材である。

以上のように、フィンランドの教師は基本的に、教科書

（読本、ワークブック）を用いて授業を進めている。補助教材などはデジタル教材が提供してくれる。ただし、教科書やデジタル教材がすべてではなく、教師自身が教材を開発したり活動を考案する場合もある。昨今、他教科の学習のテーマと組み合わせて英語を教えている学校がフィンランドでは増えており、そういう学校では、教師が独自に教材を作成している場合も多いようだ。

3 授業では意外と母語も使われている

✚ 教師の英語は生徒のインプットになる

フィンランドの英語の授業で使う授業言語は、教師によってさまざまだ。小学校であってもほぼオールイングリッシュの授業もあれば、ほとんどフィンランド語を介して行なっている授業もある。

ただこれまで私が見学してきた授業では、意外と母語も使われていた印象が強い。インターナショナルスクールやＣＬＩＬスクールはさておき、小学校や中学校、そして高等学校においても、必要に応じて母語が使われている。

特に文法説明やアクティビティ、エクササイズの指示には母語が使われることが多い。ただ、フィンランド語を多く使用するといっても、どの先生も流暢な英語を話す。だから、先生が英語を使う場合、その話しことばが生徒にとっての英語インプットとなっている。

英語を使うのは、児童・生徒とのやりとりや、読本の本文やワークブックのプラクティスの理解促進のため教師自身のことばで言い換えたり、内容に関する先生自身の考えや体験を話したりする場面であることが多い。同じ先生の授業でも、学年やクラスによって授業言語における母語の使用度合いは変わる。生徒の反応を捉え、場面に応じて選択しているのだ。

日本では、２０１３年度施行の高等学校学習指導要領で「英語の授業は英語で行うことを基本とする」と明示され、また次期学習指導要領では、中学校の授業でも英語による外国語で指導を行なう方針が盛り込まれている。

文部科学省は学習指導要領解説（2010）において、「状況に応じて英語で行う」とし、「英語による言語活動を行うことが授業の中心になっていれば、必要に応じて日本語を交えて授業を行うことも考えられる」と述べているが、さまざまな懸念が指摘されている。

たとえば鳥飼（2017）は、英語による授業に関しては、以下のような可能性を懸念している。

（1）教師が英語で授業をすることが、目的と化してしまう。
（2）授業をじゅうぶんに理解せず、自信を失ってしまう生徒も出てくる。
（3）英語だけでは内容が浅薄になりがちで、生徒の知的関心を喚起しない場合がある。
（4）英語という外国語を「ことば」として分析する機会を生徒から奪ってしまい、またことばの奥深さに気づくことが難しくなってしまう。
（5）ことばが社会文化的なコンテクストの中でどのようにコミュニケーションに使われるかを考える機会は、授業の中で教師が作り出すべきものであるが、英語だけの薄っぺらな授業では、そのような機会を生み出す土壌が育たない。

ちなみにフィンランドの場合、教師が英語で授業を行なうことを推進する文言はナショナルコアカリキュラムには存在しない。むしろ児童・生徒がいかに英語を使用し、学習スキルを高めるかに重きが置かれており、その目標のためには、指導はフィンランド語であろうと英語であろうと構わないという姿勢だ。実際、現場でも無理に英語を使っているということはない。

✚ 母語の重要性の認識

またフィンランドでは母語の重要性も認識されており、小学校や中学校の教科書の指示はフィンランド語であったり、教科書の本文内容理解においてもフィンランド語で答えさせる場合もある。母語で答えることにより、本文の内容理解を促進させるためだ。ただ、第4章で記したように、本文学習は、本文の内容に沿って自分の意見を述べるなど、最後は英語で書いたり、話したりするというスタンスをとっている。

日本の英語の授業においても、学習指導要領に記載されているからといって無理に英語で押し通すのではなく、場面に応じて選択していい。そして何より、学習指導要領に書かれているからといって、教師自身が日本語を活用することを恐れる必要はなく（鳥飼，2017）、この場面は日本語のほうがふさわしい、この場面は英語のほうがいいなど教師自身が判断し、堂々と指導すればよいと個人的には考える。ただし、教師は、自分の話す英語が生徒のモデルとなり、かつ英語のインプットとなるようしっかりとした英語力を身につけておく必要がある。

4 教師が巧みに生徒の素顔を引き出す

✚ 英語でのやりとりの機会を多く用意する

フィンランドでは、学習者のインタラクション能力の育成が重視されている。インタラクションは「相互作用」という訳になるが、英語の授業においては「やりとり」と訳したほうがわかりやすいだろう。ナショナルコアカリキュラムにおいても、児童・生徒がやりとりできるよう教師が練習を与え、またコミュニケーションを持続できるよう支援し、促すことが目標として明記されている。

フィンランドの先生たちは、このやりとりの機会をできるだけ多く持つようにしている。教師と学習者のやりとりだけでなく、学習者同士のやりとりも大事にしている。本節では、どのようなやりとりが行なわれているか、実際の授業例を踏まえて紹介していく。

✚ 生徒の答えをうまく引き出す

教師と生徒とのやりとりは、一個人に対して行なう場合もあれば、全体に対しての場合もある。個人ばかりを対象にしていたら他の生徒は退屈してしまうし、全体に対してばかり行なっていると、生徒が人任せになってしまう場合もある。教師はそういうことを見極めながらやりとりを重ねていくわけだ。フィンランドの英語授業を見学するなかで、このやりとりを通して生徒の答えをうまく引き出しているな、という授業の一場面があったので、ここで紹介したい。

ちなみに、この場面の会話はすべて英語だった。生徒たちは小学校5年生で、教科書の内容は誕生日パーティに関する話題。生徒数は14人。教科書の写真をデジタル教材で教室のスクリーンに映しながら、生徒と先生のやりとりが始まる。

教師「この写真を見てみましょう。これは誰かな?」
生徒「ハンナ」
教師「そうね。ハンナだったわね。彼女何してるの?」
生徒「誕生日パーティ」
教師「そうね。誕生日パーティに友達を招待してるのよね。あなたが誕生日パーティをするなら、男の子を招待する? 女の子も招待する?」
生徒「うん、招待するよ」
教師「そう、(女子児童だったので)男の子も招待するのね。でもハンナは女の子だけを呼んでいるわね。あなたはどう?」
生徒「呼ぶかな」
教師「OK。では、この誕生日会では何を食べているのかしら? 覚えている? この前の話で出てきたわよ」
生徒「ピザ!」
教師「そうね、ピザを食べているわね。ほかに何か?」
生徒「チップス、キャンディ」

教師「そうね。ほかには？」
生徒「ケーキ」
教師「もちろんそうね。誕生日だもの。ほかには？　飲み物はどう？」
生徒「ソーダ」
教師「そうね。アメリカではソーダって呼ぶのよね。私はソーダって呼ばないのだけど。イギリスではちがう呼び名があるのよね。何て呼ぶか知ってる？」
生徒「コーク」
教師「うーん、ちょっとちがうかな。ポップって呼ぶのよ」
生徒「ポップ？」
教師「そう。イギリスではポップって呼ぶの。泡が出る飲み物のこと」
生徒「ポップ？」
教師「アメリカではソーダって呼ぶけどね。さて、みんなが誕生日パーティを開くとしたら、みんなどんな食べ物を食べるの？　お気に入りの食べ物は何？」
生徒「ケーキ」
教師「ケーキね。それがお気に入りなのね。自分で作るの？」

生徒「そうよ」

教師「それは素晴らしいわね。あなたはどう？」

生徒「チップス！」

教師「チップスか。ピザはどう？」

生徒「ピザは好き」

教師「では誕生日パーティはどこで開きたい？　家？　それとも別の場所？」

生徒「×××××（その地方のレストランの名前）」

教師「それはレストランの名前ね。そこでパーティができるの？」

生徒「そう」

教師「ほかにどう？」

生徒「私、コテージでパーティをしたことがあるわ」

教師「コテージでパーティをしたのね。友達も招待したの？」

生徒「はい。みんな泊まったの」

教師「へえ。みんな寝なかったんじゃない？」

生徒「そう」

（……以降も会話のやりとりが続いていく）

児童と先生のやりとりがテンポよく続いていくのが印象的で、先生はほとんどの生徒に何らかの形で発言させていた。先生が次から次へと質問を投げかけるおかげでやりとりが続いていくわけだが、通常児童は単語単位で答える。児童が答えた単語に対して、その先生は意識していたのか、していなかったのかわからないが、会話の流れを途切れさせずにそれを文で言い直し（傍線部）、すなわちリキャストを与えていることがわかる。このように先生が話す英語が、生徒のインプットになっているのだろうと思われる。

✚ 生活の場面を話題に取り上げる

やりとりの巧みな先生は、題材やエクササイズ、アクティビティを土台にして生徒との対話につなげたり、生徒が発した内容をさらに発展させていく。そのやりとりの流れが、とても自然なのだ。

たとえば、中学校の授業を見学したとき、ワークブックのエクササイズのなかで、ある職業の人はどうあるべきかということに関して、自分の意見を言う活動があった。ある生徒がもちろん英語で、「売り場の店員はしゃべりすぎてはいけないと思う」という意見を述べた。以降は、その後の先生と生徒とのやりとりだ。

教師「なぜ？」
生徒「しゃりすぎると鬱陶《うっとう》しいから」（いかにも中学生らしい答え！）
教師「どんなときが鬱陶しいの？　そういう経験があったの？」
生徒「×××××（部分的に英語、部分的にフィンランド語で話す）」
教師「みんなはどう。店員さんに話しかけてもらいたい？　もらいたくない？」
（それぞれの生徒が自分の意見を言う）
教師「話しかけてもらいたいときとそうでないときと、状況によりけりだよね。Fine line って聞いたことがある？　紙一重っていう意味よ。しゃべりかけられて鬱陶しいと思うときとそうでないときの経験、誰かある？」
生徒「タクシーに乗ったとき」
教師「そうね、タクシーね。みんなはタクシーに乗ったとき、ドライバーに話しかけられたほうがいい？　それとも黙っていてもらったほうがいい？」

（……以降続く）

このように、生徒たちのレベルに応じた質問を投げかけ、ときには新しい英語による表現を取り入れながら、生徒たちの意見をうまく引き出していくのだ。

フィンランドの先生は、教科書に沿った授業をするだけではなく、生徒とのやりとりが自然な形になるよう工夫をしている。これが実はなかなか難しく、ある程度教師に英語力とその応用力が備わっていることが前提となる。

ペアワークを成功するための仕掛け

英語学習の初期段階では、こうしたやりとりはなかなか難しい。ひとりが質問し、誰かが答えて終わりになってしまいがちだ。フィンランドの教科書には、相手が発言した後に、その内容に対してコメントをするプラクティスがよく載っている。

たとえば、中学校のワークブックには、次のようなペアワークでやるエクササイズがある。左に疑問文、右にif節がある。疑問文は、Will you be able to help me とか Will you wait for me といったものが並んでいる。その右にif節で if I can't do my English home work? とか if my bus is late? など並んでいて、ひとりが左の英文の疑問文に合うよう、右のif節の英文をつなげる。面白いのは、その結びついた英文に、もう片方がコメントを言うのである。コメントも Of course. とか Fine by me. とか I'm afraid I can't. などと複数提供されていて、選択できるようになっている。このコメントが掲載されているところがいい。実際の会話ではこうしたコメントが使われることが多く、人と人のやりとりにつながる実践的な例となるからだ。ちなみにこのエクササイズは、決まった正解が用意されているわけではなく、自由に文を組み合わせることができるし、それに対してのコメントも自由で、なかなか実践的だ。

小学校、中学校、高等学校の校種にかかわらずフィンランドの先生たちは、ペアワーク、グループワークを頻繁に取り入れている。ペアワークやグループワークは、英語の会話力を高める土台となる。小学校からたくさんのペアワークやグループワークを英語授業で行ない、学年が上がるにつれて徐々に、片方が自分の意見を言えば、もう片方がそれに対してコメントや自分の意見を言い、さらにそれぞれに対してコメントを言うというように、ターンが数珠つなぎに続いていくようだ。もちろん、ターンが続かないペアもいれば、タスクが終わるとフィンランド語で私語を交わしているペアもいる。

ただ、私が見学した授業では、ある高校生はタスクが終わってからも英語でペアと会話を続けていた。またペアワーク以外の時間でも、お互い英語で話している生徒たちもいた。担当の先生にそのことを話すと、「そうだなあ、しょっちゅうではないけれども、そういうこともあるよ」と言っていた。

✚ 教師の役割とやりとりの面白さ

フィンランドの英語授業における教師の役割は、どちらかといえば、教室の中でのコミュニケーションのまとめ役（facilitator）という印象である。教師が一方的に説明している場面もあるにはあるが、教師中心ではなく、あくまでも生徒自身が中心となるよう、その状況設定をうまく調整している。生徒に活動させ、教師はそれをモニターする。授業は少人数制だから、モニターもしやすい。

やりとりに関しては、教師は学習者のレベルに応じて答えやすい質問を投げかけ、学習者の反応をうまく引き出すようにしている。かつ学習者から決まった答えを引き出すのではなく、教師も知らない学習者の新しい情報をできるだけ引き出すように努めていた。

やりとりのなかで学習者の新たな一面を垣間見ることができたり、学習者から思わぬ本音が語られたりすると、授業が活性化する。先の例でいえば、コテージでパーティをするなどのプライベートな情報がそれだ。そういう展開に持っていければ、教師自身もやりがいを感じるだろう。フィンランドの先生たちは児童・生徒とのやりとりを楽しみながら行なっている、そんな印象を受けた。

5 細かい誤りは気にしない?

添削するしないは、エクササイズによる

フィンランドでは授業中にワークブックなどの問題を解かせることも多い。その間、先生

が机の間を巡視し、児童・生徒からの質問を聞いたり、彼らの回答に誤りがあれば、その場で説明する。クラスの人数が少ないため、一人ひとりへの対応ができている。逆に質問がなければ、そのままワークブックの問題を解かせておくということもなきにしもあらず、である。もっとも、フィンランドのワークブックはどこかに答えが書いてあったり、誰でもできるようにはなっていることが多いのだが。

ある小学校の授業では、学習した単語を使って英文を作る課題があり、できた児童は先生のところへ持っていく。時間内に終わらなかった児童は宿題となる。あとで担当の英語教員に、児童が作った英文は添削をするのかを尋ねたところ、添削まではしないとのことだった。児童の英語の誤りの訂正もすることはあるが、今回はしないという。

添削は、エクササイズの内容によるようだ。後述のように、ライティングや文法であれば丁寧に訂正する。教員なら、特に小学校であれば、丁寧に添削をしてしまいそうだが、フィンランドではあまり細かいことは気にしないのかもしれない。

✚ ライティングや文法はきちんと添削する

誤りへの対処は教員によってさまざまだが、左ページの写真（高校の授業のライティングのフィードバック例）ではしっかり添削を行なっている。この生徒のライティングはそれほど訂正する箇所がないが、それでも文法や語彙の訂正を明示的に加えている。教師からのコメントもフィンランド語で添えられている。コメントは"A fluent, clear speech, exquisite vocabulary, a few small mistakes"（よどみなく明確なスピーチ、語彙も申し分なし、多少の小さな誤りあり）となっている。

概して、ライティングや文法に関してはきっちりと誤りの訂正を行なっている印象がある一方で、オーラルに関してはそれほど訂正はせず、どちらかといえば誤りを寛容に受け止めている感じである。小学校であれば生徒はまだ単語単位で答えることが多く、先生がそれを文に直して確認作業を行なうが、もう一度言わせることもない。それよりできるだけ話すことを促し、児童・生徒の発言に対して肯定的なコメントをしていく。

これは私事に関することだが、先日ある講演会の後、参加された方が私のところに来られた。中学校の息子さんの英語のテストで、綴りが間違っていたり、疑問符が抜けていたりしたため減点されていて、息子さんはがっかりしていたとのことだった。教師には生徒にスペルを正しく書いてもらいたいという思いがあり、間違えれば減点せざるをえない事情もよくわかるし、実際中学校の教員をしていた頃は私も同じようにしていた。今から考えると、何と残念なことをしていたのだろうと思う。きっと、スペリングミスなどの減点をすることで、学習者から書く意欲を奪ってきたのだろうなと反省させられた。

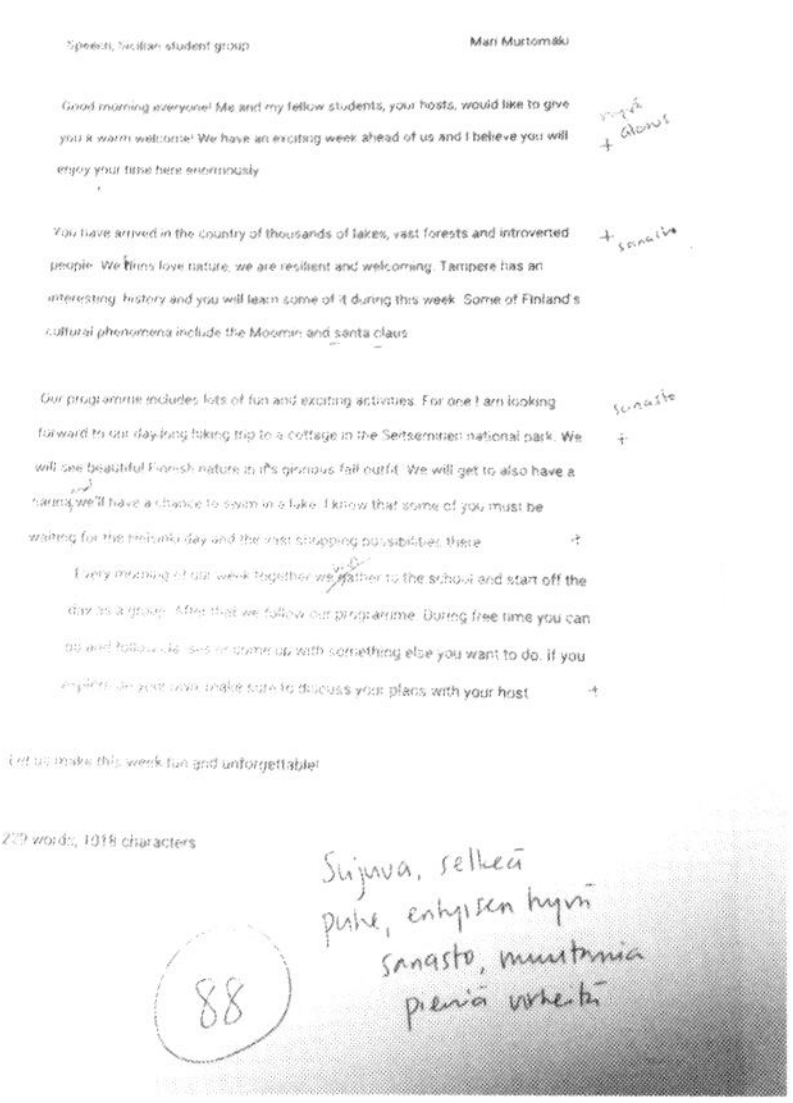
Speech, Sicilian student group　　Mari Murtomäki

Good morning everyone! Me and my fellow students, your hosts, would like to give you a warm welcome! We have an exciting week ahead of us and I believe you will enjoy your time here enormously

You have arrived in the country of thousands of lakes, vast forests and introverted people. We finns love nature, we are resilient and welcoming. Tampere has an interesting history and you will learn some of it during this week. Some of Finland's cultural phenomena include the Moomin and santa claus

Our programme includes lots of fun and exciting activities. For one I am looking forward to our day-long hiking trip to a cottage in the Seitseminen national park. We will see beautiful Finnish nature in it's glorious fall outfit. We will get to also have a sauna, we'll have a chance to swim in a lake. I know that some of you must be waiting for the Helsinki day and the vast shopping possibilities there

Every morning of our week together we gather to the school and start off the day as a group. After that we follow our programme. During free time you can ... with something else you want to do. If you ... make sure to discuss your plans with your host

Let us make this week fun and unforgettable!

229 words, 1018 characters

ライティングの添削例

　ではこの件、フィンランドの先生ならどうするだろうか。きっと同じくスペリングは直すだろうが、「スペリングの間違いはあるけれど、言いたいことは伝わっているじゃない」というように、中身のほうをより評価するのではないだろうか。

　ちなみに、日本にもスペリングのミスに対して寛容な先生はおり、テストでスペリングミスがあっても減点をしないという方を実際知っている。この先生は、生徒たちがスペリングミスを恐れ、書く意欲を失わないよう配慮し、生徒たちの書きたい、伝えたいという思いを大事にしているのだろう。

6 多様な学習者に対応した指導

✚ 移民問題もあって学習者の多様性に配慮

昨今、日本では学習者の多様性に応じた教育が現場を含めて注目されている。学習者の多様性に応じた指導法は differentiated instruction と呼ばれており、これは学習者それぞれの多様性に目を向けたクラスでの指導法（Tomlinson, 2001）である。フィンランドではこの指導法の考えが教科書に反映されており、また日常の指導でも学習者に複数の選択肢を与え、学習者自身に選択させるという形で生かされている。

言語教育に関していえば、学習者の言語レベルや、学習目的、学習動機などさまざまであり、フィンランドでは昨今移民の問題も抱えているので、こちらはより深刻な問題となっている。フィンランドでは、たとえば学習困難な児童・生徒には補助員をつけるなど早くから対応がなされてきた。クラスサイズが小さくとも、補助教員がつくことはフィンランドではよくあることだ。学校によっては、支援を必要とする児童・生徒用の教室があり、そこで個別の対応もできるようになっている。

複数の選択肢を用意

英語の授業においては、前章で記したように、教科書はスローラーナーだけでなくアドバンストラーナーに対応したエクササイズやアクティビティが提供されていたり、ひとつの課題に対して複数のトピックを挙げるなど、学習者が選択できる対応がとられている。

小テストや確認テストにおいても多様な学習者に配慮して、レベルを設定して対応する小学校の先生もおられた。最低限この問題は解きましょう、もし時間が余ったり、チャレンジしたいなら次の問題もやりましょうというスタンスだ。あるいは基礎問題と応用問題2種類が準備されており、どちらか好きなほうを児童が選べるようにしている。こういう形をとると、児童はできるだけ頑張ろうという気持ちになり、難しい問題にもチャレンジするそうである。

高等学校のライティングの授業でも課題をひとつに絞らず、複数挙げて、学習者が自分の書きたいものを選択できるようにしていた。その日のトピックは記述型ライティング（descriptive writing）であり、これは人物や場所、物事などについて、読者の五感（視覚、嗅覚、触覚、聴覚、味覚）に訴えて説明するライティングのことである。

まず教師が記述型ライティングの特徴を説明し、そのための技法や工夫を紹介した後、課題として4つのテーマが出された。具体的には、「自分の人生の中で大きな出来事があった前と後ではどのように人生が変わったか」「自分にとって重要な場所」「大学へ提出するための志望動機書」「（自分で選んだトピックに関する）ブログの投稿を書く」というもので、学習者はこの4つの中から自分が書きたいものを選択する。4つのテーマはそれぞれまったく異なるが、読者に訴えかけて書くという共通した目的を含んでいる。

7 暗記からの脱却

言語学習スキルを向上させる

フィンランドでは英語教科書の暗記を求めていない。そもそもフィンランドの教科書の膨大な英文量では、暗記は不可能だ。ナショナルコアカリキュラムにおいては、「学習者が目標言語を自信を持って使うよう指導し、そのためには豊富なコミュニケーションのプラクティスを与えることが、言語運用能力の発達のサポートになる（FNBE, 2014, p.715）」とされており、そこには暗記させるというスタンスはない。

フィンランドの先生たちは、多種多様な英文の読み聞かせをさせ、その中で語彙や文法構造を学ばせ、その実践的な使い方を教える。つまり、児童・生徒が学習した語彙や文法構造を使えるよう言語学習スキルの習得に力を入れている。その中に暗記も含まれるかもしれないが、暗記が目的化されているわけではない。

フィンランドの授業でも日本と同様音読を重視しているが、日本の場合、音読を何度もくり返し、本文を暗記させることが多い一方で、フィンランドにはそれがない。音読によって、英語の持つ音やリズム、イントネーションを楽しませているように感じられる。

教師による読み聞かせ、あるいは音声教材のモデルの後に、学習者がリピートし、ペアで練習をする。ペアで音読する場合は、順番を決めて1文ずつ読む場合もあれば、教科書の登場人物の役割を決め、そのセリフを読むなどの方法がある。教室の前に生徒が出て成果を発表することもあるが、教室の前で教科書を開いて音読をすることもある。

✚ 日本の新しい3つの柱

日本の次期学習指導要領では、児童・生徒が「何ができるようになるか」を「資質・能力の3つの柱」として示している。

ひとつ目の柱は、生きて働く「知識・技術の習得」。ふたつ目は、未知の状況にも対応可能な「思考力・判断力・表現力の育成」。そして、3つ目は、学びを人生や社会に生かそうとする「学びに向かう力、人間性の涵養《かんよう》」だ。

これまでの暗記学習だけでは、これらの到達目標にはとうてい辿り着けない。学習者に暗記ばかりを強要すると、暗記に対して退屈さや苦手意識を持ってしまい、外国語を学ぶ楽しさや素晴らしさを体験せずに、外国語学習を諦めさせてしまう恐れがある。フィンランドでは暗記からの脱却を図り、まさに日本が求めている「何ができるようになるか」という観点に基づいた指導の方向転換を早くから行なってきた。

✚ 自分の授業に自信を持つ教師

フィンランド人の英語の先生は高い専門性を持っているため（詳細は次章に記す）、教師の自律性が高い。指導法や授業のやり方も独自の判断で行なっており、国も教員の裁量を認めている。どの先生も自信を持って授業を行なっている印象がある。だからこそ、これまで授業の見学を依頼しても、断られることはまずなかった。もちろん返信がない場合もあるが、通常は快く迎えてもらえる。私が授業に行くからといって、特別なことはせず、通常の授業を見せてくれる。それだけ自分の授業に自信があるのだろう。

またあの分厚い教科書には、教師用の指導手引書は存在しない。エクササイズの答えを記した解答書はあるが、指導は教員に任されている。フィンランド人の先生が、日本の教科書の教員用指導書の手厚い解説と、その丁寧さを見たら、きっと驚くだろう。

フィンランドの先生たちの英語の授業は、何も特別なことはなく、教科書に沿ったどちらかといえば朴訥《ぼくとつ》とした伝統的なものだ。ただ、先生自身が正しい発音をし、その先生の話す英語が児童・生徒たちにとってのインプットとなり、かつモデルとなり、児童・生徒の発話を引き出している。そして先生自身も教えることに誇りを持ち、そして楽しんで授業をしている。ただそれだけのことなのだ。

注

（1）5件法とは、回答の選択肢が5段階あることをいう。「非常に当てはまる」「当てはまる」「どちらとも言えない」「当てはまらない」「まったく当てはまらない」などの選択肢となる。

（2）日本CLIL教科学会ホームページ（https://www.j-clil.com/clil）より抜粋。

第6章

フィンランド方式がうまくいった理由

——教師は教えるプロ

1　フィンランドの教育の成功要因

✚ 徹底した教育の機会均等

経済協力開発機構（ＯＥＣＤ）の国際学習到達度調査（ＰＩＳＡ）の好成績により、世界中から注目を浴びて以来、フィンランドの教育が成功している理由を示す文献もかなりの数にのぼっている。それらの研究で指摘されている成功要因は共通していることが多いが、本章では Jaatinen & Saarvirta（2014）[1] の論文から抜粋し、私の意見や体験も交えて、その成功要因を説明していく。

まず最初に教育の機会均等を取りあげたい。フィンランドの学校制度では、社会的および経済的な背景が何であれ、教育の機会均等が保障されている。すべての児童・生徒は教育を無償で受けることができ、基礎教育（義務教育）段階であれば、教材（教科書や文房具）も無料で提供される。クラスは能力別や習熟度別に分けられることなく、比較的少人数（平均20〜

23人）で授業が行なわれる。実際はフィンランドでも家庭環境や地域といった社会経済文化的背景により、児童・生徒の能力の差は見られ、最新のＯＥＣＤ（2019）の報告では、社会経済文化的水準の差が児童・生徒の能力により影響を及ぼしていると報告されているが、それでもＯＥＣＤの加盟国の中では、フィンランドは社会的文化的水準の生徒間の差が最も小さい国である（Jaatinen & Saarivirta, 2014; OECD, 2019）[2]。

次に取りあげたい項目は、第２章でも触れた総合制学校の導入だ。フィンランドは１９７０年代までは進学をめざすグラマー・スクール（Grammar School）と職業教育を目的とした市民学校（Civic School）の２種類の教育体制だったが、総合学校の設立により、すべての児童・生徒は7歳から15歳までの間、総合学校に通い、誰もが平等な教育を受ける権利が与えられた。私学は宗教的な学校に限られ、高校に入学するための試験はなく、基礎教育の成績が参照される（パッカラ，2008）。

早期の学習支援

さらに、早期学習支援の投資が挙げられる。学習に困難な児童や生徒がいれば、早期の段階で支援が提供される。もし特定の児童や生徒が学習困難に直面すれば、特別支援専門の教員や補助教員が加配され、また補習などの時間も提供される。実際、これまで授業を見学させてもらったなかで、補助教員のいるクラスは少なくなかった。また普通教室とは別に特別支援を必要とする子たち専門の教室も、学校によっては提供されている。

ある学校を訪問したとき、たまたま支援教室に紛れ込んでしまったのだが、それを専門とされる先生が私のことを訪問客だと思い、案内してくれた。各教科の教科書や教材が揃っており、支援教員や補助教員、実習生らしい大学生が児童の数と同じだけいた。

ちなみにフィンランドでは、義務教育段階で約30パーセントの児童・生徒が何らかの形で支援を受けているという（Hancock, 2011）。昨今では支援を受ける児童・生徒の数が増えているとのことだが、これは日本と同様、これまで見過ごされていたさまざまな学習困難や支援を必要とする児童・生徒の存在が社会でより認識されるようになり、それと同時に支援を受ける児童・生徒の数も増えてきたということであろう。

✚ 教員の質と能力

教員の専門性の高さと教員養成の充実度も忘れてはならない項目だ。フィンランドでは伝統的に教育の質の高さが、教員の資質・能力に起因していると評価されている。これに関する詳細は後述する。

フィンランドにおける学校の特徴のひとつとして挙げられ、成功要因にもつながっているのが、学校自身が自らの評価を行なうことである。フィンランドでは外部からの視察や評価は下されない。ただ、フィンランド国家教育委員会によるなんらかの調査の依頼があれば回答し、また各自治体へ児童・生徒や学校の実態調査などの統計を提供する義務はある。しかし学校の評価は、外部が行なうのではなく、学校による自己評価が基本となっている。なんらかの改善策や問題解決法は学校が決め、学校の裁量に任されている。このことが可能なのは、教師や学校の自律性が確立されている証しでもあり、彼らは教育の専門家で、保護者や社会から大きな信頼を得ているのだといえる。

2 質の高い教員の理由

✚ 自らの仕事に満足度の高い教員

これまでのフィンランドにおける教育の成功要因に関する文献で、教員の質の高さを理由に挙げていないものはない。給料自体はOECDの平均や他のヨーロッパ諸国と比較してもそれほど高くはないが、教員は人気職業で社会的信頼も高い。医者や弁護士とともに人気職業の上位に入ることも珍しくない。

2019年度のOECD調査によると、フィンランドの92パーセントの教員は、教員になったことのメリットはデメリットを上回っていると答えており、この数値はOECD加盟国の中ではいちばん高い。また同調査によると、フィンランドでは58パーセントの教員が、教員の仕事は社会的に評価されていると答えている。OECD調査による平均は26パーセントだ。

実際、私が出会った先生たちは皆、優秀な人材なはずなのに、おごらず、どちらかといえば朴訥としており（フィンランド人全体がそうであるが……）、固い雰囲気はまったくなかった。皆リラックスしており、温かみのある先生ばかりだ。リラックスしているといえば、Tシャツにジーパン姿の副校長先生が学校を案内してくれたこともあったが、こういう光景は日本ではまず目にしない。ちなみにこの副校長先生は社会が専門だと言っていたが、英語で対応してくださった。

英語の先生たちも、授業を見られるからといって緊張するわけでもなく、リラックスして普段通りの授業をされていた。そして、どの先生に関しても共通して言えることは、英語力の高さだ。

本章では、なぜフィンランドでは質の高い教員が確保できているのか、とりわけ教員養成について紐解いていきたい。

✚ 教員養成課程入学への高い競争率

フィンランドには現在14大学しかなく[3]、大学に入学すること自体が高い競争率だ。このうち、教員養成課程を備えている大学は8大学しかなく（Sahlberg, 2010）、例年受験者の倍率は高い。もともとフィンランドでは教職の人気が高いため、教員養成課程を備える大学への入学は狭き門なのだ。毎年、志願者の約10パーセントしか大学の教員養成プログラムを受けることはできないと言われている。たとえば、２０１１―２０１２年度ヘルシンキ大学の教育学部教員養成学科では１２０人の枠に１７８９人の受験生が応募したとされている（Richardson, 2012）。つまり、１６００人以上の受験生は受け入れられなかったことになる。

ちなみにフィンランドで大学に入るには、高校修了試験を兼ねた大学入学試験（Matriculation Examination）を経て、[4]大学ごとの個別試験を受けることになる。

伏木（2011）によると、個別試験の第1次選考（筆記試験）は、ウェブ上で複数の課題図書が掲示され、それらの文献に関して論述する問題やエッセイが課されるというものだ。1次選考では4割ほどが合格し、2次試験へと続く。

2次では、グループ面接と個人面接が課される。まず各グループに課題が複数与えられ、そのなかからひとつの課題[5]を選び、そのプレゼンを行なうために、グループワークに取り組む。このグループワークとグループのプレゼンを通して、3人の面接官が丁寧に一人ひとりの受験生を観察し、教員としての主体性や社会性などを評価する（伏木, 2011）。さらに、個人面接も課され、グループワークによる評価と個人面接の評価を総計して合格者が決定される。合格できる志望者は限られており、合格するまで何度も受験する志望者も少なくないということだ。不合格になった受験生のなかには、学校現場で指導助手として働くなど教育経験を積み、次年度に再度受験をする者も多い（伊東，2014）。

教員へのルート

さて、高い競争率の入試を経て教員養成課程への入学を認められた学生は、どのようなルート(6)を辿り教員になるのだろうか。フィンランドでは２００５年８月１日以降、ボローニャ・プロセス(7)を受けて、新たな学位制度を採用している。

新たな学位制度のもとでは、小学校、中等学校の教員になるためには３００単位ＥＣＴＳ（European Credit Transfer System：欧州単位互換制度）が必要となる。第１段階の学位である学士号には１８０単位ＥＣＴＳが必要で、３年課程となっている。また第2段階の学位である修士号には１２０単位ＥＣＴＳが必要で、２年課程だ。したがって、フィンランドで教員資格を得るためには5年が必要ということになる。ちなみに、１年間の標準履修単位は60ＥＣＴＳ

とされており、年間の履修総時間は1600時間と規定している（伏木，2011）。したがって1ECTSの取得には、学習授業、試験、予習・復習などの個人の学習も含んで26・7時間相当が必要ということになる。

教員の資格には、学級担任教員と教科担当教員の2種類がある。前者の資格を取るためには、教育学部教員養成学科に在籍し、資格に必要な教育学関連研究の科目を履修する。一方、後者は、それぞれの専門領域の学部に所属し（たとえば人文学部）、そこで主専攻の単位を取りつつ（たとえば英語学）、副専攻として教育学関連研究の科目を履修する。

表1、表2はNiemi（2012）が示した初等教育教員養成プログラム（クラス担当教員資格用）と、中等教育教科教員養成プログラム（教科担当教員用）である。

小学校の教員志望者は、学級担任教員のための教育学関連研究（主専攻）の科目を履修する。そして副専攻科目の中で、他の専門分野を履修する仕組みとなっている（表1中の他専門におけるアカデミック研究）。主専攻、副専攻というのは、フィンランドでは2教科の免許状取得の意味ではなく、通常、主専攻と副専攻の両方が要求される。

一方、中等教育の教員のほとんどは教科担当教員である（田中，2005）ため、ここでは教科担当教員用のプログラムを説明する。教科教員養成プログラム（表2）においては、専門領

表1　初等教育教員養成プログラム

初等教育教員養成プログラム	学士課程 180単位	修士課程 120単位	合計
学級担任教員のための教育学関連研究（主専攻）	25（指導教員付きの教育実習を含む）	35（最低15単位の指導教員付きの教育実習を含む）	60
その他の教育学関連研究	35（卒業論文6—10を含む）	45（修士論文20—40を含む）	80
総合学校で必要な教科専門研究	60		60
他専門におけるアカデミック研究（副専攻）	25	0—35	25—60
ICTを含む言語とコミュニケーション研究、選択科目	35	5—40	40—75

出典：Niemi（2012）

表2　中等教育教員養成プログラム

中等教育教員養成プログラム	学士課程 180単位	修士課程 120単位	合計
教科担当教員のための教育学関連研究（副専攻）	25—30（指導教員付きの教育実習を含む）	35（最低15単位の指導教員付きの教育実習を含む）	60
専門領域の研究（主専攻）	60（卒業論文6—10を含む）	60—90（修士論文20—40を含む）	120—150
他専門のアカデミック研究（1ないし2の副専攻）	25—60	0—30	25—90
ICTを含む言語とコミュニケーション研究、選択科目	35—40	0—30	35—70

出典：Niemi（2012）

中学校			高等学校	
専修	1種	2種	専修	1種
20	20	10	20	20
31	31	21	23	23
32	8	4	40	16
8	8	8	8	8
91	67	43	91	67

出典：林・杉谷・橋内（2015）

域の研究（たとえば人文学部で英語学を専攻）が主専攻となり、教科担当教員のための教育学関連研究が副専攻となる。教科担当教員のための教育学関連研究の内容は、どの大学も60単位となっており、大学によって履修する科目名は変わるが、小柳（2007）によると、「教育方法と評価の基礎」「さまざまな学習者の支援」「教授学習に関する最新の研究結果と研究方法」などの科目を挙げている。要するにこの教育学関連研究のなかで、教育に関する専門内容や研究法、そして各教科の指導法等を学ぶわけである。

一方、日本の小学校、中学校、高等学校の普通免許状の種類と単位数を林・杉谷・橋内（2015）より引用し、参考までに表3に記す。1単位45時間と定められており、そこには自習時間も含まれているため、単純には比較できない（渡邉，2007）が、林・杉谷・橋内（2015）は、ヨーロッパ諸国の教員養成に必要な単位と比較すると、日本の教員養成課程で履修されるべき総単位数が少ないことを指摘している。

表3　日本の小学校、中学校、高等学校の教員普通免許状の種類と単位数

	小学校		
	専修	1種	2種
教科に関する科目	8	8	4
教職に関する科目	41	41	31
教科または教職に関する科目	34	10	2
その他	8	8	8
合計単位数	91	67	45

外国語教員へのルート

では、フィンランドで外国語教員になるためのルートはどのようになっているのだろうか。次ページの図1は伊東（2014）が示した外国語教員へのルートだ（図中の番号は著者が記した）。まず初めに、小学校のクラス担当資格を取り、さらに教科（この場合は英語）担当資格を取るルート（図中の〔1〕）がある。この場合、小学校でクラス担任を持ちながら同時に英語を教えることができる。

次に、中学校・高等学校で外国語を教える教科担当資格を取るルート（図中の〔2〕）がある。この場合、小学校または、中学校、高等学校で外国語を教える。担任を持つ資格はなく、いわゆる教科を教えるだけの教員で、教科担当教員（a subject teacher）と呼ばれる。

フィンランドの小学校ではかつて、クラス担当教員によって

図１　フィンランドにおける外国語教員へのルート

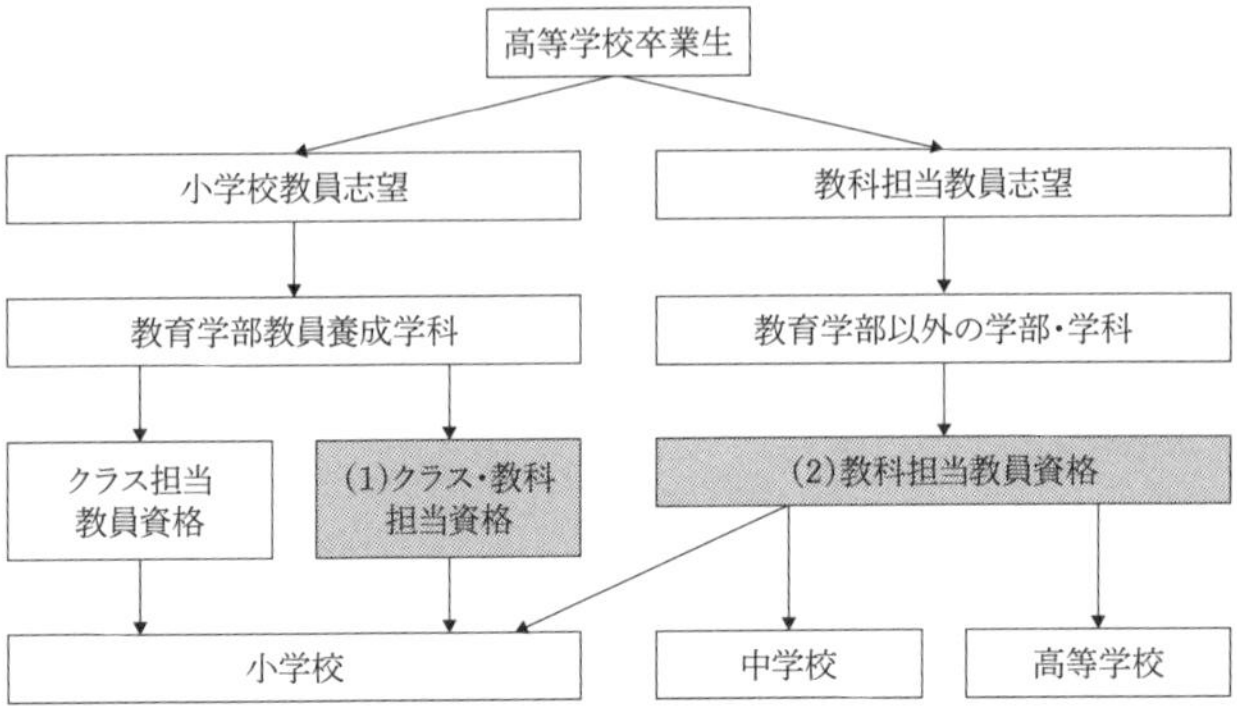

出典：伊東（2014）

各教科が教えられていたこともあったが、１９９０年代終わりには、外国語は小学校でも教科担当教員が教えることが奨励されるようになった（Hilden & Kantelinen, 2012)。現在フィンランドの小学校の多くは、外国語は教科担当教員が教えている。これまでに私はひとりだけ、クラス担任であり、かつ英語の教科担当教員であるという先生に出会ったことがあるが、それ以外は全員教科担当教員だった。つまり、小学校であっても、英語は専門に教える資格を持った教員が教えているわけだ。しかも、教員養成学部入学のために狭き門をくぐり抜けた人材だ。したがって、フィンランドでは小学校で英語を教える先生であっても、教育に関する専門知識だけでなく、英語の専門的な知識を身につけている。

他学部からの教員希望者は適性を見る

では、どのようなカリキュラムを履修しなくてはいけないのだろうか。たとえばタンペレ大学の場合、教育学部に入学し、クラス担任教員の資格かつ英語教科担当教員の資格を取りたい（ルート1）場合、次の科目履修の要件を満たす必要がある。

（1）コミュニケーションとオリエンテーション科目（communication studies and orientation）
（2）教育学基礎科目（basic studies in education）
（3）教育学中級科目（intermediate studies in education）
（4）副専攻科目（minor subject studies）
（5）教育学上級科目（advanced studies in education）
（6）選択（optional studies）

（4）の副専攻教科で英語の専門授業があり、それを履修しなくてはいけない。英語の専門授業は、教育学部だけで行なわれるのではなく、学部間の相互依存で行なわれている（伊東，

2014)。つまり、これら英語の科目の一部は、人文学部の言語・翻訳・文学研究科（School of Language, Translation and Literary Studies）の英語専攻の学生が取る授業を履修しなくてはならない。小学校の英語教員になるためにも、言語・翻訳・文学研究科の学生と同じ授業を取り、より専門的な知識を身につけなくてはならない仕組みになっているわけである。この間、専攻には60ＥＣＴＳを履習しなくてはいけない。

一方、もし人文学部などの他学部から英語教員の資格を取りたいという場合は、副専攻として教職課程を履修しなければならない。ただ誰もが履修できるかといえばそうではなく、教育学部が採用人数を決め、教育学部の試験が課される（伊東，2014）。試験は、書類選考、適性検査や面接など（伏木，2011）。つまり本気で教員になることを考えているもの、そして教員として適性があると判断されたものだけが教職課程に入り、授業を履修でき

の副専攻の履修科目と単位構成

修士レベル（35 ECTS）
第３期間（17 ECTS）
・教育社会、教育史、教育哲学基礎（5）
・評価と教授発達（7）
・附属学校もしくは公立学校における上級教育実習（5）
第４期間（12 ECTS）
・研究セミナー（4）
・附属学校もしくは公立学校における最終教育実習（8）

出典：Sahlberg (2010)

表4　ヘルシンキ大学における教科担当教員用

学士レベル（25 ECTS）
第１期間（18 ECTS）
・発達心理と学習（4）
・特別教育（4）
・教科教授法入門（10）
第２期間（7 ECTS）
・附属学校での基礎教育実習（7）
修士課程プログラムとして
・研究法（6）

るのだ。この副専攻の単位も60ECTSの履修が必要である。表4はSahlberg（2010）によるヘルシンキ大学の教科担当教員専攻の履習科目と単位の構成表である。

私もかつて中学・高等学校の現職教員のひとりだったが、実習に来た学生を指導する際、「とりあえず教職は取っておこうと思って」という実習生のことばほどがっかりするものはなかった。今でもそうである。私は勤務先の大学で教科教育法を受け持っているが、「とりあえず教職は取っておくと何かの役に立つから」「親の希望だから」といった理由で履修する学生もいる。私の在籍する大学では、ある程度の英語力が証明できる学生しか履修できないよう制限をかけているが、それでも日本の教員養成は開放性のシステムをとっているため、誰でもとは必ずしもいえないが、教員免許は取りやすい。

一方、フィンランドは誰もが教員資格を取れるわけではない。それどころか、大学入学自体が狭き門であり、かつ英語教科の担当となるには、言語・翻訳・文学研究科の学生と同じ専門内容の授業を履修しなくてはならない。

フィンランドの英語の先生はたとえ小学校の先生であっても、じゅうぶんな英語力が備わっている理由をこれで納得していただけただろうか。

✚ 臨床的な教育実習

いくら専門的知識があっても、じょうずに教えられるかどうかはまた別の話だ。現場で教える力をつけるために、フィンランドの教員養成はどのようにしているのだろうか。

フィンランドの大学の教員養成は、理論と実践の統合を目的としている。大学によって文言は変わるが、たとえばタンペレ大学の教員養成の目的は、「リサーチを基盤としたアプローチで教員の養成を行なうことであり、教員の成長の核となる理論的知識と経験を結びつけることにある」としている。つまりフィンランドの教員養成は、理論的研究だけでなく、それに基づいた実践力を身につけることも目的としている。よって、教育実習はまさに理論と実践を結びつける経験の場となる。

Niemi（2012）によると、フィンランドの教育実習の目的は、「教育実習生に自分の教授

（teaching）や学習過程（learning process）を研究・開発し、評価することができる専門的な技術を身につけるよう支援すること、また教育実習生に、自分の実習や社会スキルに関して批判的に内省できるようにさせること」としている。

したがってフィンランドでは、教育実習に重きが置かれており、その単位は約20単位（ECTS）となっている。教育実習は基本的に教育学部に併設されている大学附属学校（Normal schools と呼ばれている）で実施されるが、最近では附属学校以外の公立学校での実習経験を取り入れる学校もある（伏木，2011）。

図2　フィンランドの学年進行の実習のカリキュラム

学生	
5 4	Advanced Practicum（MA level, 8単位） 実習を発展させるための様々な選択と関わり 修士論文につなげる 主に公立学校（municipal field schools）での実習
3 2	Intermediate Practicum（BA level, 12単位） 特定の教科の領域から始め、よりホリスティックに生徒中心のアプローチに進む 大学の附属校での実習
1	理論研究と統合した実習科目

出典：Niemi（2012）

図2はフィンランドの大学の学年進行に応じた実習のカリキュラムである。フィンランドでの教育実習は理論と方法論研究の両方が融合される場だ。フィンランドでは1年生の早い時期から、学校の生活や教員の視点から生徒を観察することが求められている。これまで学校訪問をしたなかで、おそらく実

習前の大学生と思われる学生と一緒に授業を見学したことがある。授業担当の先生に授業後あの学生は誰かと尋ねると、先生自身も誰なのかわかっておらず、「おそらく大学の授業の一環だろう」という話だった。大学の附属校では、学生の授業見学はよくあることで、先生がたも学生の授業見学には慣れているようだ。

フィンランドでは通常2回の教育実習を行なう。1回目は大学の附属校での実習、2回目は大学の附属校、もしくは公立学校で行なう。教育実習期間は半年以上となっており、日本の3週間と比べてかなり長い。そして、複数の学校での実習が原則だ。日本のように1回きりの実習ではなく、何回かに分けて行なわれる。

その間、大学の教員（スーパーバイザー）、教育実習校の教員（メンター）が実習生を支え指導する。特に実習先のメンターは重要で、彼らは一般的な教師であると同時に実習生を専門的に指導するメンターという二重の役割を担っている。大学附属の教員の多くは、教材開発など研究に対して非常に熱心であり（Niemi, 2012）、大学で培った理論と実践の融合のアプローチを、先生がた自身が現場で生かしている。

✚ 実習生のポートフォリオの質と量に驚く

元タンペレ大学教授であるリーッタさんは、大学で理論と実践を統合するための手法のひとつとして、ポートフォーリオの利用を推進されていた。もう十数年も前、フィンランドの実習生の実習用ファイルを初めて見たときは、現在ほどポートフォリオが浸透していなかったこともあり、ファイルに綴じられていた教育実習に使う教材やその資料の質と量に、かなり驚いたことを覚えている。今でこそ、日本でもポートフォリオの利用が少しずつ広がりを見せてきているが、当時からすでに、フィンランドの実習生たちはそうしたものを当たり前にこなしていた。ファイルの分厚さが、フィンランドにおける教育実習の凄みを物語っていた。

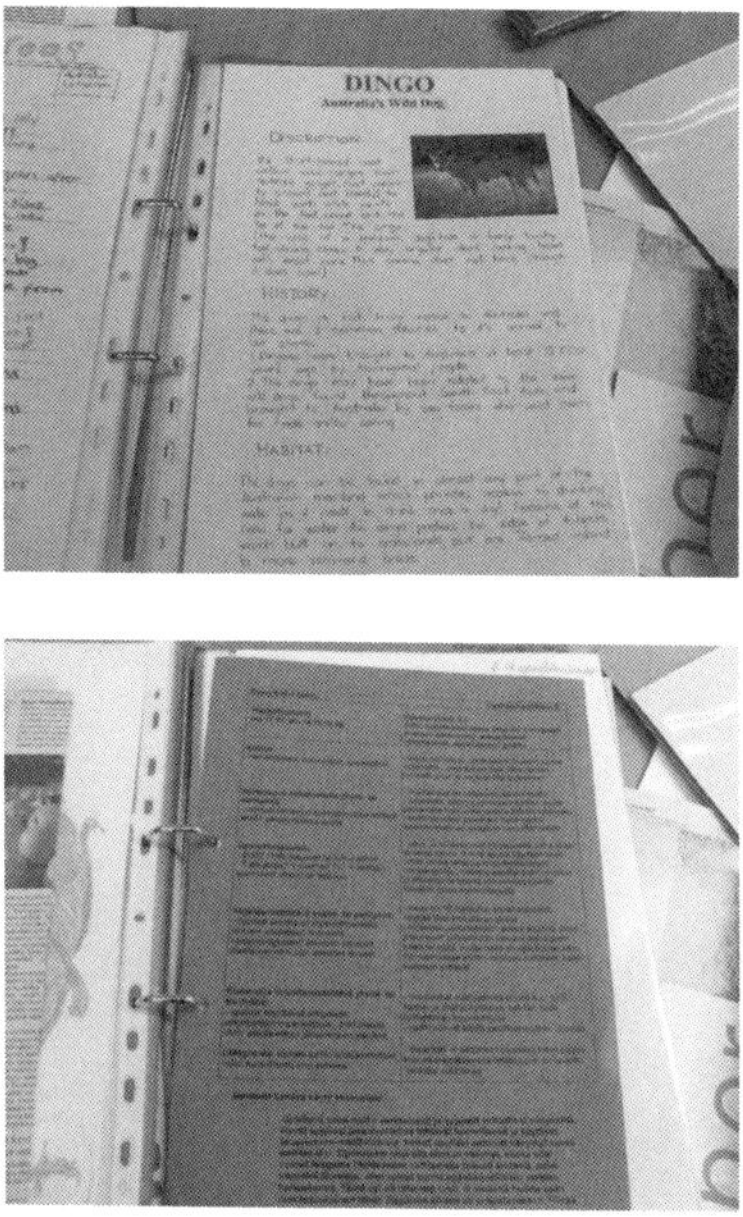

学生の実習用ポートフォリオ

ポートフォリオには指導案だけでなく、教材としての資料などすべてがまとめられていて、自分の学習を振り返ることができる。実際、教員になったときにも使えるものだ。

一度だけ教育実習生の授業を見学したのだが、当初は若い英語教員だと思っていた人物が、後で実習生だとわかった。授業も安定していて、語学力もあったので気づかなかった。あえて言うと、特定の生徒に「クーンテレ！」（"Kuuntele!"「聞きなさい！」）と注意しており、その生徒の態度が気になっているのだなあと思ったくらいである。

フィンランドから学べることは、このように臨床的な教育実習期間を長く経るため、実際教師になったとき現実とのギャップに戸惑うことが少ないことだ。現在の日本の制度では教育実習期間は3週間だが、それでは短すぎないか。これでは現場をじゅうぶん知らないまま実習を終えてしまう。もっともフィンランドのような長い教育実習期間を実行しようとすれば、今の日本の現場からは嫌がられるだろうが……。

✚ 充実した現職教員の研修

フィンランドの先生たちは、研修を受けるのは教員としての特権であると考え、各研修に積極的に参加している（FNBE, 2013）。教員研修においては、地方自治体が必要に応じて教員に研修機会を提供する責任がある（Sahlberg, 2010）。実際は、地方自治体の要請を受けて大学が研修を提供している。

フィンランドの外国語教員研修には、ＥＵ諸国とのパートナーシップで行なわれているものもあれば、フィンランド単独で行なっているものもある。昨今フィンランドではＣＬＩＬが普及しており（伊東，2014）、ＣＬＩＬへの研修も活発化している。もっともこれはフィンランドに限らずヨーロッパ全体で言えることだ。

余談だが、私は２０１８年の３月に10日間の日程で、アイルランドでEnglish Matters, Program(8)が主催するＣＬＩＬの研修を受けた。ＣＬＩＬ以外にもさまざまなプログラムが提供されており、ヨーロッパ各国から現職教員が各自の研修を受けにきていた。ヨーロッパ教員用の研修だったが、メールを送りぜひ研修に参加したいという旨を伝え、参加を認めてもらった。

フィンランドの先生はこのプログラムには参加していなかったが、ヨーロッパ各地から校種もさまざまな現職教員が参加しており、国によってはトップダウンでＣＬＩＬを取り入れることを決定し、定年間近なのに研修にきたという先生や、バイリンガルスクールの教員だが、自身の研修のために参加したという先生など、さまざまだった。

多くの教員は国や学校から奨学金や補助金を受けての参加で、自費で参加しているのは私くらいだったろう。

研修中は、代行の教員や同僚が授業を受け持ってくれているとのことだった。日本なら教員研修という名目はあるとはいえ、学期中に10日間授業をあけるとなると、申し訳ない気持ちでいっぱいになりそうだ（もっとも日本の教員であれば、授業期間中に開催される研修には参加しないだろう）。プログラムに参加していた先生がたは、研修は当然の権利であり、自分が研修を受けることで学校や生徒にも還元されると自信を持って話していた。

ちなみに、ヨーロッパではＣＬＩＬだけでなく、良い実践や取り組みを自分の学校や国だけに留めるのではなく、国境を越えヨーロッパ全体で共有しようという dissemination（普及）の考えが広がっている。研修の初日には、この時代に dissemination がいかにキーワードとなってくるかという説明があり、最後には、この dissemination こそが「ヨーロッパの夢（European dream）」であると締めくくられた。

話を戻すと、フィンランドほど先生たちが研修を受けやすい環境はないと思う。課外活動など授業以外の負担はほとんどなく、長期休暇も保障されている。さらには研修を受ける特権が認められており、かつ国内のみならずEU諸国とのパートナーシップによる研修も利用できるのだ。おそらくこのような条件であれば、日本の先生たちも喜んで教員研修に参加するだろう。

✚ 教員養成の6つの特徴

以上、余談も入ったが、本節ではフィンランドの外国語教育がうまくいっている理由のひとつとして、教員養成を中心に概観した。フィンランドの外国語教員養成の特徴としては以下のようにまとめられるだろう。

（1）教育学部への志願者は、高い競争率をくぐり抜けた優秀な人材である。
（2）小学校教員として外国語を教える場合でも、修士課程の資格を必要とし、英語の専門授業を履修しなくてはならない。
（3）他学部から教員になるためには、日本のような開放性のもとに資格を取れるわけではなく、教育学部で人数が決められ、事前に試験が課される。

（4）主専攻と副専攻の組み合わせにより幅広い知識を備え、かつ授業は学部間で連携がとられている。

（5）臨床的な教育実習が行なわれる。

（6）現職教員研修を受ける環境が整っている。

3 恵まれた環境

✚ クラスサイズ

これまで、教員養成がフィンランドの英語教育躍進の大きな要因であることを述べたが、いくら先生の質が高いからといって、それだけでは教育の成功には結びつかない。生徒たちの教育環境も大事だ。フィンランドの教育現場には実に恵まれた環境がある。そのひとつが、本書でも何度か触れてきたクラスサイズである。

フィンランドのクラスサイズは、ＯＥＣＤ（経済協力開発機構）の２０１９年版報告によると、小学校では20人、中学校では19人となっている。ＯＥＣＤの平均は小学校で21人、中学校で23人であり、フィンランドはＯＥＣＤ平均より若干少ない。フィンランドの小学校の英語授業の場合、２分割されることも多く、クラスサイズはさらに小さくなる。ちなみに日本は小学校で27人、中学校では32人となっており、ＯＥＣＤ加盟国のなかでは、小学校ではチリ、イギリスに次いで多く、中学校ではいちばん多い人数となっている。

フィンランドは、現在でこそ教育国として名を馳せるようになったが、１９６０年代には必ずしも学校教育に成功していなかった。１９７１年、政府委員会は資源が貧困である国を経済国家に成長させるには、学校教育を変えることが先決であると結論づけた。そこで政府は、まずクラスサイズを縮小し、教員の給料を引き上げた。そして１９７９年、すべての教員が修士課程を修了することを義務づけた。

それ以来、フィンランドのクラスサイズは伝統的に小規模となっている。クラスサイズが小さければ、児童・生徒一人ひとりにより目が行き届き、学習のつまずきの発見や個別指導の充実が可能となる。英語授業についていえば、児童・生徒の発言する機会や自分の考えを発表する機会が増え、表現力を高めることもより可能となる。

さらには児童・生徒の提出物に対しての添削やフィードバック、評価においても、少人数クラスと大人数クラスでは教師の負担は歴然で、少人数であればあるほど丁寧な指導ができる。結局これらが、質の高い教育につながる。

一方日本はどうだろうか。これに関しては次章で取り上げたい。

✚ 教育費、教員の給与、教員の労働時間

国が教育に対してどれだけ政府財政から支出しているかを、国内総生産（GDP）に占める割合で国際比較することができる。

GDPに対する初等教育から高等教育への政府財政支出の割合は、フィンランドは5・6パーセント、日本は2・9パーセントとなっている（OECD Data, 2018）。フィンランドはOECDの平均4・2パーセントより高く、一方で日本はOECD加盟国・地域のなかでも最下位だ。フィンランドと日本におけるこの傾向は、ここ数年ずっと変わっていない。

フィンランドでは義務教育だけでなく、高等学校、そして正規学生であれば大学の授業料

も無料だ。政府財政から大学の授業料も支出されている。ちなみに少し前までは、外国人であっても正規の学生になれば授業料は徴収されなかったが、近年は外国人に対しては授業料を徴収するようになっている。

教育の支出には、教育を社会全体で支えるために税金から必要分が支出されており、教員などの人件費や施設設備、教材などの経費をまかなっている。初等中等教育段階では、諸外国に共通する事項として、教職員の人権費の割合は全体の7～8割といわれている。また高等教育段階では5～6割とされる（文部科学省白書，2009）。

人権費に関していうと、フィンランドの教員はそれほど給与は高くない。小学校教員の平均年収は4万4700USドルで、OECDの平均を下回っている。これは意外だった。給与はそれほどでないにもかかわらず、教員が人気職業であると考えられる理由は、おそらく労働時間にあるのだろう。

教員の1週間あたりの労働時間を見てみよう。2018年度、OECD参加国の中学校教員の勤務時間の平均は38・3時間だったのに対し、日本の教員は53・9時間で、こちらも参加国・地域のなかで最下位だった。一方、フィンランドは33・3時間となっている。

フィンランドの教員の勤務時間が少ないのには理由がある。基本的にフィンランドの教員の本務は授業だ。ホームルームの時間などはない。生徒指導や課外活動の指導は専門の教員が当たることになっている。クラブ活動の指導を通常の教員がすることはない。よって、フィンランドの先生たちは4時には学校を出る。実に羨ましい環境ではないか……。

✚ 先生たちの仕事に対する満足度

フィンランドの教員にとって、仕事量と給与のバランスは職業への満足度に影響を与えている。給与はそれほど高くない一方で、92パーセントの教師が、教員であることの否定的側面より肯定的側面のほうが上回っていると回答しており、これはOECD加盟国のなかでは最も割合が高い。ちなみに、OECDの平均は76パーセントとなっている。

この数字が示すように、これまで出会ったフィンランドの先生たちからも、自分の仕事に対しての不満などは聞いたことがない。最近は多様な児童・生徒が増えており、以前と同じようにはいかないと言う先生もいるが、だから仕事がストレスだとか、自分の職に満足していないということにはならないようだ。教員という職業の社会的地位がそれほど高くない国や、教員の仕事量が多い国の存在も彼らは知っていて、それらに比べると自分たちは社会的なステータスも付与され、いい環境なのでありがたいと言っている。

教員が自らの職業に対して満足度が高ければ、仕事に大きなやりがいを持てるため、より良い教育を生むことにつながる。それは直接、子どもたちに還元される。さらに、先生たちの仕事ぶりを見て、自分も教師になりたいと思う子どもたちも現れるだろう。フィンランドでは、このようなプラスのサイクルができあがっているわけだ。

フィンランドの英語教育がうまくいっている理由は、第一に英語教員の質の高さと、その根幹となる教員養成のシステムにある。ただ、それだけではなく、恵まれた教育環境がそれらを支え、相乗効果を生み出しているのである。

注

（1）Jaatinen & Saarivirta（2014）の論文はVälijärvi（2003），Kupari & Välijärvi（2005）やVälijärvi & Linnakylä（2002）らの研究を引用し、まとめている。

（2）OECD（2019）によると、フィンランドは、社会経済的水準が低いとされる生徒の読解力の習熟度レベルが低い割合は、他の国と比べるとわずかで、76カ国中71位となっている。

（3）スタティスティックスフィンランド（Statistics Finland, 2019）による。

（4）スタティスティックスフィンランド（Statistics Finland）によると、２０００年から２０１４年の現役高校生の合格率は90パーセント前後だが、２０１４年のみ81・５パーセントとなっている。詳細は次のＵＲＬを参照。https://www.stat.fi/til/opku/2019/opku_2019_2019-03-14_tau_001_en.html

（5）伏木（2011）によると、トゥルク大学教育学部のグループ面接の課題は、①新入生が来たときに学級をどのようにアレンジするか、②銃撃事件が起きたときどのように対処するか、③いじめが起きていたときどのように対処するかという３つが、試験テーマであったとしている。

（6）「教員へのルート」「外国語教員へのルート」「臨床的な教育実習」の節の一部は「22 フィンランド」『国際的に見た外国語教員の養成』（東信堂）p.312-324で著者が執筆した内容である。

（7）ボローニャ・プロセスとは、ＥＵ加盟国の高等教育の国際競争力を高めるための改革である。主な改革内容は、（１）学位制度の整理：３年間の学士課程と2年間の修士課程の枠組みを推進し、「欧州高等教育圏における包括的な資格制度」（ＥＣＴＳ）の導入、

（2）流動性（mobility）の整理：国境を越えた奨学金の促進、学生、教員、研究者の移動の促進、（3）海外の学位に対する正当な評価：単位互換や累積単位制度の促進、（4）質保証制度：教育の質の保証における連携の促進、となっている。

（8）このプログラムは、ＥＵの中心的な教育助成プログラムのエラスムス・プラス（Eramusu+）の一環の教員用のプログラムでもある。

終章

フィンランドの英語教育から何が学べるのか

——日本の未来の英語教育への示唆

1 日本の英語教育に必要な3つのもの

✚ 十全な教育にはきちんとした土台が要る

大谷（2019）は、異言語[1]教育の成果を大きく左右する重要な条件として、次の3つを挙げている。

（1）言語文化的環境
（2）国の教育政策
（3）異言語教育法

まず（1）の言語文化的環境とは、母語と目標とする言語の言語距離や、目標言語にどれほど日常生活で接触できるか（使えるか）などの学習環境のことだ。

（2）の国の教育政策とは、国家予算、教員養成制度、クラスサイズなどが含まれる。また（3）の異言語教育法は、教員の外国語指導方法や指導技術などを指す。
英語教育の成果をうんぬんする場合、日本では教員の指導力や力量が批判されがちだが、大谷は、言語文化的環境や国の教育政策も、日本の異言語教育のあり方を検討するために必要不可欠な条件であるとしている。

十全な英語教育が行なわれるには、それにふさわしい土台が必要だ。第2章でも述べたように、フィンランドは教育の質的向上のために抜本的な教育改革を行なった。もちろん、社会変革も大きな影響を与えた一因だが、その結果、学校教育のなかで充実した英語授業を提供することが可能になった。大谷（2015）の言葉を借りれば、外国語教育だけでなく、教育改革の成功は、「国の教育的熱意」がどれくらいあるか、もう少し平たくいえば国がどれくらい本気で変えようとしているかにかかっている、ということだ。それくらいの覚悟がないと、外国語教育への成功にはつながらないということである。

本章ではその観点から、大谷が示す3つの条件をフィンランドと日本とで改めて比較し、そのうえで、我々がフィンランドの英語教育から学ぶべきことを進言したい。[2]

✚ 日本語と英語の遠い文化的距離

大谷によれば、言語文化的環境は、学習者や教員の努力では乗り越えられない条件だとしている。第1章で示したように（18ページ参照）、英語と日本語の場合、言語的距離は遠く、アメリカの国防省が発表した英語を母語とする話者から見た日本語の習得難易度は、極端に困難な言語とされるカテゴリーⅤに属しており、さらにそのなかでも日本語はとりわけ困難な言語とされている。

一方、フィンランド語は、英語とは言語的もしくは文化的に非常に異質な言語とされるカテゴリーⅣに属している。カテゴリーⅣとカテゴリーⅤの差は大きく、習得時間は2倍とされている。フィンランド語は他のヨーロッパ諸言語と比較すると英語との言語距離は遠いかもしれないが、日本語よりは近い言語と言える。再三くり返すが、日本人にとって英語は習得するのに難しい言語であり、そして習得するには時間がかかるのだ。

では、目標言語（ここでは英語）と接触する機会に関しては、どうだろうか。フィンランドも日本もKachru（1985）が提唱した同心円モデル[3]によると拡大円、すなわち英語を外国語として学んでいる国・地域に属している。しかし、いくらグローバル化が進んだからといっても、フィンランドと日本を比較すると、英語に接触する機会は同じであるとは言えない。

✚ 日常的にどれくらい英語に接しているか

フィンランドはEU加盟国であるため、加盟国間の人材や労働の流動化（mobility）が見られ、ビジネス、社会、文化などの面で他のEU加盟国の人々と直接接触する機会は多く、そのため彼らとのコミュニケーションを図るうえで共通語となる英語を使う機会も多い。

またEU加盟国内の教育・文化交流が増進されており、多様なプログラム（たとえばエラスムス+：留学支援などの助成金プログラム）が提供されている。さらに欧州単位互換制度（European Credit Transfer System）も整備され、長期・短期に留学する大学生がヨーロッパ全体で増えており、大学における英語での授業も増えている。

とはいえ、実際のところ一般の学習者が日常的に英語に接しているのだろうかという疑問は残る。訪問学校先の高校生136名に5件法でアンケートを行なったところ、「学校外で英語を使う機会がたくさんある」という項目に対して、「非常にそう思う」と答えた生徒は全体の約44・6パーセント（62名）、「そう思う」と答えた生徒は33・1パーセント（45名）であり、全体の77・7パーセントにも及んでいた。

具体的に使う機会の例を記述してもらったところ、インターネットやスカイプなどのオンライン、SNSが最も多く（60名）、続いて、友人と話す[4]（37名）、フィンランドに来た旅行者との会話（16名）、読書（15名）、テレビや映画（12名）、親戚や家族と話すとき（9名）、ゲーム（6名）などが、その理由として挙げられていた。

もちろんこの数字は特定の学校でのアンケートだから、すべての高校生がそうとは限らない。しかし、この学校は英語プログラムに特化した学校ではなく、フィンランド国内ではごく一般的な高校だ。教育・文化交流により英語を使うという回答はほとんどなかったものの、アンケートを見るかぎりではかなり高い割合で、学校外でも英語を使う機会があるようだ。もっとも、英語ができるから、インターネットなどで英語によるサイトを利用しているのかもしれないのだが。

言語文化的環境に焦点を当てるとすれば、やや乱暴な言い方をすると、日本とフィンランドでは、フィンランドのほうが英語を習得しやすい環境にあると言えそうだ。だからこそ、日本で外国語（英語）教育を行なううえでは、他の条件（大谷が示す国の教育政策、教員の教育能力）がしっかりしていなくてはいけないのである。

2　教員が熱心に打ち込める教育的環境があるか？——国の教育政策に関して

✚ 教員養成の見直しと教員・学校の裁量権の拡充

フィンランドの英語教育が成功している大きな理由のひとつは、質の高い教員の確保ができていることにある。その背景としては、既述のように、教員養成課程入学への高い競争率をくぐり抜けた優秀な人材が教員になっていること、修士の学位取得が必要であること、また社会的に教員の地位が高いこと、そして学校や教員の裁量が大きく認められていることなどが挙げられる。

これに加えて、フィンランドでは学校の教育環境が国によって整備されていることも大きい。学校の教育環境には、教育予算、教員の業務量、クラスサイズなどが関わってくる。これらの条件は、国の教育政策として日本でも今後、文科省やその予算措置で関わりのある財務省などが考えていくべき内容であると考える。

本節では（1）質の高い教育を確保するための見直し、そして、（2）教育環境整備改善の2点を提案する。

質の高い教員を確保するためには、まず教員養成制度の見直しが検討されるべきだ。フィンランドでは教員になるためには、修士の学位取得が義務づけられているが、フィンランドだけでなく、EU加盟国においても、大学院修了者の割合は日本と比べて高い。欧州委員会(2019)によると、小学校教員で修士課程修了が義務づけられている国は、28カ国中10カ国[5]となっているが、中学校レベルでは、EU加盟国の半分の国が修士課程を要求している。高等学校においては、学士レベルで良いとしている国はブルガリア、アイルランド、ギリシャ、ラトビア、リトアニア、マルタ、イギリスの7カ国だけであり、他の国は修士課程を最低限の教員条件としている。

つまり、EU加盟国の多くの国が、大学院レベルの教員養成を基本的な制度としているわけだ。それに比べると文部科学省（2018a）「学校教員統計調査―平成28年度（確定値）結果の概要―」によると、日本の公立小学校における大学院修了の割合はたったの4・6パーセント、中学校で7・5パーセント、高等学校で15・2パーセントにすぎない。それでも年々、大学院修了者の割合は高まってきているのだが、EU加盟国と比べるとまだまだ低いというのが現状だ。

フィンランドでは、学士・修士課程の5年間のなかで教育・教科の専門内容を学ぶだけでなく、臨床的な教育実習を経て、しかもリサーチを基盤とした研究手法も学ぶ。このようにして、質の高い教員が生み出されていくのだ。つまり彼らは、学士・修士過程の5年間で、アカデミックな力量だけでなく、実践指導力をも備えていくわけである。

そして、フィンランドでは大学院で習得した能力を発揮できる場所が提供されていることも特筆される。学校、教員の裁量権が大きく認められており、児童・生徒に教える内容や教え方は教員や学校が決められる（パッカラ，2008）。つまり、日本のように学校や教員が管理されることはなく、学校も独自に運営され、教員一人ひとりが判断し、行動できる環境がフィンランドでは保障されているのだ。

✚ 学校の教育環境整備（1）——教員の労働環境

OECD参加国と比較すると、フィンランドの教員の給与はそれほど高くないにもかかわらず、教員は人気職業のひとつとなっている。社会的な地位が認められ、社会からの信頼を得ている（Sahlberg, 2010）ことなどに魅力があるからだろう。

一方、日本ではどうだろうか。昨今、教員の過酷な労働環境が各調査から明らかにされており、たとえば文科省（2018b）の平成28年度「公立小学校・中学校等教員勤務実態調査研究」の報告書によると、平日の勤務時間は小学校教諭で平均11・15時間、中学校教諭で11・32時間という結果が発表されている。また、労働時間が週60時間以上だった教員は小学校で33・5パーセント、中学校では57・7パーセントとなっている。週あたり60時間を超えるということは、月当たりの残業時間は80時間に相当し、過労死ラインを上回っている計算になる。(6)

これは公立の学校のデータだが、私立の教員も同じだ。高い授業料を徴収しているぶん、プラスアルファの業務が伴う。私学の特色を出すために1日に7時間授業というのは当たり前で、土曜日も授業がある学校は多い。さらに放課後は自習室を開放し、自習監督に割り当てられることもある。進学実績を上げるために、長期休暇中も補習を行なう。もっとも最近では私立だけでなく、公立の学校も同じような業務が伴うと聞くが。

日本の教員の業務量は、フィンランドだけでなく諸外国と比較しても多い。勤務時間が長いのは、教科指導以外の業務が多いためとされている。

昨今、教員の過酷な労働環境がようやく世間に理解されるようになってきたことは、ある意味で一歩前進だが、一方で教員になりたいという人は減り、人材確保がますます難しくなるという危惧は消えない。学生からも、教員免許は取るが、教員の職業は大変なので、それを支える仕事のほうに回りたいといった話をよく聞く。今後教員のなり手が減れば、質の高さを保持することも困難となり、教育の水準は確実に下がっていくだろう。

2017年度、文科省は、「学校における働き方改革に関する緊急対策」のなかで、部活動の指導を始め、教員の業務に対する見直しの方策を示した。見直しからさらに一歩進めて、具体的に業務を軽減し、教員の労働環境を改善することが喫緊の課題である。

✚ 学校の教育環境整備(2)――クラスサイズ

学校の教育環境整備のために必要なことのふたつ目は、クラスサイズの見直しだ。日本の教員が多忙なのは、学校や教員が担う業務が多いせいだけでなく、一クラスのサイズが大きいことも要因でもある(187ページ参照)。

一クラスの人数が少なければ、きめ細かな指導が可能となり、児童・生徒の発言・発表の機会も増える。逆に、人数が多ければ個々の学習者へのきめ細やかな指導は難しくなるだけでなく、学習状況の把握も粗くなりがちであり、成績づけや評価の負担も大きくなる。クラスサイズの縮小は教員の労働環境の改善の対策の重要なポイントであるといえよう。

フィンランドはもとより諸外国と比較しても日本のクラスサイズが大きいことは、昨今のOECDの調査などから明白で、指摘もなされている。にもかかわらず、財務省は「教職員数と学力の関係」で、少人数学級が学力に与える効果については、海外や日本の研究において明確に有意な結果を示すものはないため、費用対効果を考えると、少人数クラスには過大な期待はできないとしている(7)。そして、少人数クラスの効果を示すための実証研究を文科省などが行なうべき、としている。では教育以外の予算は、本当に効果を示したデータやエビデンスに基づき割り当てられているのだろうかと疑いたくもなる。

そういえば、フィンランドの小学校を訪問したとき、小学校3年生の児童に、「日本では何人のクラスなの?」と聞かれ、「そうねえ、学校によるけど、平均は30人くらいかなあ。中学校や高校では、40人になることもあるよ」と答えると、「そんなに多いの!?」と目を丸くしていた。その児童の英語の先生にも「そんな人数で、どうやって教えてるの?」と尋ねられた。

一度、フィリピンの公立学校に勤めていた教員と話したことがあるが、彼女はフィリピンの公立学校では、ときにはクラスサイズが70人に及ぶこともあると言っていた。それを聞いたとき、それこそ一体どうやって教えているのだろうと驚いたが、フィンランド人にとっても、日本のクラスサイズの大きさはきっと同じような驚きだったのだろう。

学校の教育環境整備(3)――教育費

質の高い教員を確保するためのいちばん簡単な方法は、教員の給与の改善だ。それくらいの抜本的な改革があってほしいのだが……。

多くの国で教員の給与の改善が行なわれているなか、日本の教員の給与水準は下がっている[8]。さらに国内総生産(GDP)に対する政府財政支出の割合を見ると、日本の教育費は他のOECD加盟国と比較して低く(188ページ参照)、各方面から教育費の脆弱さが指摘されている。

しかしながら、前節に示したように、財務省は先進国において日本の教員は最も忙しい環境にあると認めながらも、教育予算の効率化を原則に掲げて、実証研究によるエビデンスの提出を求めている。国の財政状況が厳しさを増すなかで、確実に成果を生み出す施策でなくてはならない、というわけだ。効果の表れない施策を行なうと、次世代に借金という形でつけを回すことになるとも言っている。

しかし、もとを正せば、ここまで借金を膨らませてきた原因分析を果たして国は行なってきたのだろうか。そして、その責任追求をしたのだろうか。さらにいうと、安倍政権になってから海外への支援金が積み重ねられていると報道がなされている。支援自体は悪くない。ただ、財務省がこれほど教育に対してエビデンスや検証を唱えるなら、海外支援に対する検証や成果の検証はなされたのだろうか。

フィンランドでは、教育予算は２０１０年以来減少傾向にあるものの、それでも公費で負担されている。義務教育段階では、教科書や給食も無償で提供される。誰もが公平な教育の機会と質の高い教育を与えられるべきであるという理念が浸透しており、そのことはナショナルコアカリキュラムにも明記されている。一方、日本では教育に関わる費用が公的資金でまかなわれる割合が低い。

我が国の教育費を上げるためにはどうしたらよいのだろうか。中澤（2014）は、「教育費を上げるためには、教育の公共的意義を国民に納得させ、教育費を公的に負担するべきだという理念を社会的に浸透させなければならない」としている。さらに「社会的な教育の意義を説き、公教育予算の増加を求める声を高めていくことが重要」であると続けている。また大谷（2019）は、教育に関わる学術団体などが、教育問題のより根本的な原因、つまり言語文化的環境や国の教育政策を追求し、教育担当局に対して提言すべきであるとしている。

フィンランドの教育政策を概観すると、いかに教員が恵まれた環境にあるか、いやむしろ、日本の教員がいかに過酷な教育環境下で働いているかが浮き彫りになる。外国語教育の成果を教員に問う前に、根本的な日本の教育政策を変えなければ、いつまで経っても教育の向上などありえないと考える。

3　日本の英語教員に必要なふたつのこと

✚じゅうぶんにインプット、アウトプットする機会の提供

過酷な教育環境のなかで働き、教科の特性上さらに多忙とされる英語教員に物申すのは気が引ける。私自身英語教員としてまだ発展途上にあるので、表題の見出しをつけたものの、正直躊躇する。前節で述べた教育環境を変えることが喫緊の課題であり、それが変わらなければ、英語教育の推進も難しいということも重々承知である。しかしながら、フィンランドの英語教育を概観して、我々日本の英語教員が考えなくてはいけないこと、やれるべきことがたくさんあることも事実だ。

そのなかで、本節では自省を含めて2点最後に記したい。

ひとつ目は、我々の英語授業で学習者にじゅうぶんなインプットを与え、そのうえでアウトプットをする機会を与えているか、という問題だ。昨今、コミュニケーション能力の育成

が強調されているためか、英語教員のなかにはじゅうぶんなインプットがないままアウトプットを急ぐ場合が少なくないこと（島田，2014）、そして学習項目をさまざまな文脈のなかで意識的に使う言語活動が少ないこと（伊東，2014）などが指摘されている。

✚ 暗記不可能な大量の教材

本書では、フィンランドの教科書には驚くほど大量なエクササイズ、アクティビティが提供されていることを指摘した。もちろん彼らがそれらをすべて消化しているわけではなく、教員が必要なエクササイズやアクティビティを選択しているのだ。

しかし、フィンランドのナショナルコアカリキュラム自体に、学習者が外国語能力に自信を持って使えるように指導するには、大量のコミュニケーション活動が必要であると明記されている。このコミュニケーション活動を成立させるために、その前提としてフィンランドでは多くの語彙を与え、そして学習の初期段階から文法とライティングを重視している。

日本語より英語との言語距離が近いフィンランド語を母語とする場合でも、英語学習には大量のエクササイズ、アクティビティが必要なのだ。日本の学習指導要領もコミュニケーション能力の育成を謳っているが、検定教科書に与えられているエクササイズ、プラクティスの量は、あまりにも少なすぎるのではないだろうか。

また日本の教科書は本文が少ないためか、手っ取り早く暗記をさせようとする教員も少なくない。もちろん教科書に出てきた表現の暗記はある程度必要だが、暗記重視は英語嫌いを生み出す指導にもなりかねない。

一方、フィンランドの教科書の厚さは、とうてい暗記できる量ではない。英語学習の早い段階で暗記からの脱却を図っており、むしろ英語を正しく適切に理解することを重要視し、英語を使うことに学習者を方向づけている（伊東他，2015）。加えて、フィンランドでは、じゅうぶんなインプットを与えてから（このインプットは伝統的なエクササイズも含まれる）、教室でアウトプットをする機会、つまり英語を使う場を提供している。つまり、学習者に英語を使わせながら、学ばせるという姿勢をとっているのだ。

８割の生徒が「教室で英語を使う」と答えている

ちなみにフィンランドの高校生（１３５名）を対象に行なったアンケート調査では、「教室で英語を使う機会がたくさんある」という質問に対して「非常にそう思う」と答えた生徒は56名（41・5パーセント）、「そう思う」と答えた生徒は55名（40・1パーセント）で、全体の約8割を占めた。もちろんフィンランドの場合は、クラスサイズが小さいため、一人ひとり発表や発言する機会が増えるのは当然だが、果たして我々はじゅうぶんなインプットを与え、そしてアウトプットをする場面をじゅうぶんに提供できているだろうか。音読程度で終わらせてはいないだろうか。

私が教えている学生のなかには、高校の英語の授業は先生が説明し、生徒は板書された内容をノートに書くスタイルだったという学生もまだいて、それが少数でないことに驚く。ある学生は、教育実習校で、本文内容理解の後、本文内容に関するスピーキング活動、もしくはライティング活動を加えたいと申し出たところ、「生徒がそのような授業方式に慣れていない」「授業進度の関係で難しい」という理由で実践させてもらえなかったと言った。一方、フィンランドでは先生が一方的に説明したりするのではなく、児童・生徒とのやりとりを大事にしている。これは日本の次期学習指導要領がめざしていることでもある。

日本では、英語を話す機会は一般の人々にとってはまだ少ない。だからこそ、教室で英語を話す機会を提供するべきだと考える。どんな学習者でも、英語を話せるようになりたいという思いは変わらない。学習者の英語スピーキング力の育成を我々自身が妨げていないかと、もう一度問い直したい。

✚ 教員としての専門性の保持とプロとしての自覚

ふたつ目は、我々は教員としての専門性を常に高め、学びつづける姿勢を持っていなくてはいけないということだ。我々教員はとかくすると自身が学んだ英語の授業のスタイルで英語を教えようとする傾向にある。しかし、社会の変化に伴い、また学習指導要領が改定されるたびに新しい指導力が求められ、自身の授業を進化させる必要がある。指導力だけを磨くのではなく、自身の英語力も磨きつづける必要があろう。

フィンランドの先生と話をするたびに、その英語力に感心し、自分の英語力を反省する。フィンランドの先生全員に素晴らしい授業力があるかといえば、必ずしもそうではなく、教科書、ワークブックに沿った授業に終始している先生も多い。ただ大事なことは、皆、英語力は高いということである。

私が所属している英語授業研究会という学会は、英語の授業に関し理論と実践の両面から研究に当たり、多くの現場の先生が自身の授業改善のために学んでいる。私も現場で教師をしていた頃、自分が実践した授業の映像を見てもらっては、助言や指導をいただいた。正直、あまり出来のいい教員ではなく要領も悪かったのだが、他の先生がたの授業や取り組みに触れて学ぶことができ、自分の授業の方向性を見つけることができた。私と同じように研究会に足を運び、それこそ教員になりたての頃は授業に課題がたくさんあって指導や指摘を受けていたのに、数年後にはモデル授業ができるほど成長した先生もいる。その先生には、学びつづけることでこれほど成長し、進化するということを逆に教えてもらった。

業務が多く研修など行く時間はないといった事情もあるだろうが、それでも教員としての専門性の保持、英語力を磨きつづけることは、我々の義務ではないだろうか。

とことまで書いて、もう一度最後に念を押しておきたい。多くの教員は時間があれば、自身の指導力や英語力を磨きたいと思っている。だからこそ、教員が安心して研修などに参加でき、学びつづけられる環境を文科省をはじめ教育担当局が与えなくてはいけない。

フィンランドの教員は「国民のろうそく」と呼ばれており、暗闇に明かりを灯し、人々を導いていく人とされている。教員には明かりを灯す大切な役割があるから、彼らが安全に歩けるための道は国（政府）が提供する。それがフィンランドだ。いわゆる教員と政府の信頼関係があるのだ。ちゃんとした道がある、だからこそ暗闇でも明かりを灯すことが自分の使命だ、と教員が自覚できるのではないだろうか。

注

（1）大谷は「外国語」の意味で「異言語」という用語を使っている。本章では大谷の用語をそのまま用いている。

（2）JACET関西支部「海外の外国語教育」研究会が、第58回大学英語教育学会国際大会（於名古屋工業大学2019年8月29日）シンポジウムにて、大谷（2019）の3つの条件のうち、（1）言語文化的環境、（2）国の教育政策に焦点を当て、台湾、ニュージーランド、スペイン、オーストリア、オランダに関する調査発表を行ない、日本の英語教育への提案を行なっている。本章でもフィンランドの調査を経て同様の提案をする。

（3）Kachruのモデルは、英語の使用分布や機能を3つのグループで説明している。英語が第1言語として使われている国や地域（内円）、英語が第2言語として使われている国や地域（外円）、英語が外国語として使われている国や地域（拡大円）があるとしている。

（4）この「友人」は、海外に住んでいる友人や留学生とは限らず、フィンランド人の友人も含んでいると考えられる。英語担当教員に確認したところ、フィンランド人同士で英語を話すときがあるとのことであった。

（5）この時点ではEU圏にはイギリスを入れている。10カ国は、チェチア（チェコ共和国）、エストニア、フランス、イタリア、ポルトガル、スロベニア、スロバキア、フィンランド、スウェーデン、クロアチアとなっている。

（6）月当たりの残業時間は、週当たり20時間×4週＝80時間と計算している。

（7）財務省ホームページ「教職員数と学力の関係」。https://www.mof.go.jp/zaisei/matome/zaiseia271124/kengi/02/04/kyoushokuin01_02.html

（8）文部科学省「学校教員統計調査—平成28年度（確定値）結果の概要—」によると、2016年度1カ月分の平均給与は、小学校で33万6000円（平均年齢43・4歳）、中学校では34万6000円（同43・8歳）、高等学校では36万3000円（同45・4歳）であった。一方、2004年度は小学校で37万9000円（平均年齢44・1歳）、中学校で37万5000円（同士42・9歳）、高等学校で38万6000円（44・3歳）となっている。

なぜ外国語を学ぶのか——おわりに

単行本のお話があったとき、人前で話すことは苦手だが執筆なら自分の伝えたいことを存分に伝えられると思い、思い切って挑戦してみようと決めた。しかし、いざ書くとなるとなかなかうまくことばに表現することができず、自分の文章力の無さを情けなく思うことが多々あった。またフィンランドの英語教育の調査に関しては部分的な分析であり、じゅうぶんではないことは元より承知しているため、こんな状況で本当に執筆していいのだろうか、やめたほうがいいのではないだろうかと幾度も悩んだ。

それでもやはり書こうと決めたのは、調査が部分的であったとしてもフィンランドの外国英語教育から示唆されることは多く、そのことを伝えたかったからである。

また、日本は、2020年度から小学校高学年での英語の教科化が完全実施されるにあたり、小学校の入門期の指導だけでなく、小中高の連携などこれまで再三提示されていた課題にいよいよ直面し、本腰を入れて取り組まなくてはいけない状況となっている。

そして英語教育の変革に戸惑いながらも日々の指導に努めている現場の教員には、今こそ支援が必要だ。フィンランドの外国語教育を通して、日本の外国語教育ばかりか教育自体のあり方を今いちど教育担当当局に考えてもらいたいという思いがあった。

自分の研究の対象国となると欲目が出てしまいがちだが、フィンランドという国が、決してユートピアではないということは重々承知である。フィンランドにもいじめ問題はあるし、児童が多様化し教員の仕事は今まで通りにはいかないということもよく聞く。また日本の学習指導要領にあたるナショナルコアカリキュラムが改定されると日本と同様現場の戸惑いもある。教育費も削減されてきている。

とりわけ移民・難民の受け入れ問題は深刻で、国民の中にはその拒否感が他のEU諸国と同様高まってきている。フィンランドの公共国営放送ウレ（YLE）による記事（2019年3月10付）によれば、移民・難民への受け入れに対して反対は41パーセント、賛成は49パーセント、どちらとも言えないが10パーセントの結果となっている。

左ページの写真はたまたまタンペレの郊外をウォーキングしたときに見つけたものだ。ベンチには「移民たちよ、帰れ（Refugees GO HOME）」（なぜか英語）と黄色のペンキで書かれている。しかしその下には「ようこそ（WELCOME）」と青色のペンキで書かれた文字が（こちらもなぜか英語）。少し歩くとまた別のベンチに「移民たちよ、ようこそ（REFUGEES WELCOME）」と書かれているが、「ようこそ」が白色のペンキで消されその上に「帰れ（GO HOME）」と書かれている。さらに、その上に細く青い字で、「安全なら（When it's safe）」と書かれている（「安全なら故郷にお帰りなさい」「移民が安全ならwelcome」の両方の意味に取れる）。こちらは写真を掲載しても、その小さな青字は見えないと思われるので、割愛した。この落書きを見たとき、フィンランド、いやEU諸国の社会状況の縮図を示しているような気がした。

　フィンランドでは学校教育においても移民たちの教育をどうするかということで、大きな転換期を迎えているとのことである。今回見学した学校でも明らかに中東から来たと思われる何人かの児童・生徒がいた。小学校のクラスではヒジャブを身につけた

女の子が活発に手を挙げて発言していた。笑顔が愛くるしい男の子は、落ち着きがなく、こちらを気にして先生によく注意されていた。

中学校のクラスには、アフガニスタン出身だという生徒がいた。彼女は英語が堪能で、他のフィンランド人の同級生とともに日本のことをいろいろ聞いてきた。この児童・生徒らのバックグラウンドはどんなものだったのだろうかとか、フィンランドでの生活はどうなのだろうかなど聞きたいことはたくさんあったが、繊細かつプライベートなことでもあり、そのまま聞きそびれてしまった。フィンランドの学校教育において、移民問題にどのように対応しているのかは、今後改めて調査していきたいと思う。

最後に、皆さんはもし「何のために英語を勉強するのか」と児童・生徒から聞かれたらどうお答えになるだろうか。これは私が大学生のとき、初めての英語教科教育法という授業で、伊東治己先生から開口一番に聞かれた問いである。先生は、我々学生のさまざまな意見に耳を傾けた後、「今後教員となるにあたってその答えを見つけ出すようしっかり学んでいってください」と言われた（ように思う）。

ずっとその答えを探しつづけてきた私は、最近これだと思う答えを見つけた。村野井（2012）は「英語という外国語学習を通して個々の人間性、人格の発達を育てること」、そして「様々な人々が協調し、多くの課題解決を共に目指すことを可能にする能力・知識・態度を育てること」（p.10）を、英語の教育目標に含むべきだろうと述べている。そう、まさにこれなのだ。

我々はグローバル社会の中で、さまざまな考えや価値観を持つ人々と相互理解、相互協力を行ない、地球市民の一員として、より良い平和な社会を築くために、外国語能力を必要としているのだ。

私が平和学習と外国語活動を結びつけた授業を、奈良市のある公立小学校で行なったときに印象に残った児童のコメントがある。

・世界をもっと平和にしていくには、外国の人々と話さなければならない。だから英語を勉強するのは大切だとわかった。
・英語ができれば平和を世界に伝えることができると思いました。
・これからは日本語だけでなく英語でも平和について話したいと思いました。

日本の英語教育の改革はまさに始まったばかりである。教育の成果には時間がかかるということを忘れずに、平和に資する英語教育の目標に向かって、ひとりでも多くの学習者がじゅうぶんな外国語能力を身につけられる日が来ることを願いたい。

まとまりのない内容になってしまったが、おそらくこれで言いたいことは言い切れたと思う。そして、本当に最後とするが、出版を薦めてくださった木村隆司さん、このような機会を提供してくださった亜紀書房の高尾豪さん、研究という面白さを教えてくださった恩師である伊東治己先生、フィンランドの研究仲間の岩崎幸子さんと川見和子さん、仕事のためにいつも家庭が犠牲になるのにもかかわらず文句ひとつ言わず理解を示してくれる我が夫、そしてどうしようもない娘なのにいつも応援して見守ってくれた両親、そして小学校英語への研究を導いてくれた亡き弟に深い感謝を捧げたい。

2020年2月　米崎　里

参考文献

●飯田依子・米崎里（２０１０）「フィンランド─教育は福祉の一環、絶対に見捨てない」大谷泰照（編集代表）『EUの言語教育政策』くろしお出版（２０３─２１５頁）

●伊東治己（２００６）「フィンランドにおける小学校英語教育の実態調査」『日本教科教育学会紀要』第29巻第3号（39─48頁）

●伊東治己（２０１４）『フィンランドの小学校英語教育』研究社

●伊東治己・高田智子・松沢伸二・緑川日出子（2015）「Autonomy育成の観点からのフィンランド英語教科書分析」『日本教科教育学会誌』第38巻第2号2（23─36頁）

●大谷泰照（編集代表）（２０１０）『EUの言語教育政策─日本の外国語教育への示唆』くろしお出版

●大谷泰照（２０１５）「外国語教師とは何か」大谷泰照（編集代表）『国際的に見た外国語教員の養成』東進堂（４─26頁）

●大谷泰照（２０１９）「『歴史は繰り返さない、もし人が歴史に学ぶならば』日本の異言語教育のあり方を問う」「海外の外国語教育」研究会資料（5月25日京都外国語大学）

●小柳和喜雄（２００７）「フィンランドにおける教師教育改革の背景と現状、及びその特徴の明確化に関する研究」『奈良教育大学紀要』第56巻第1号（１９３─２０３頁）

●島田勝正（２０１４）「インプット重視の文法指導」『英米評論』第28号（37─52頁）

●田中孝彦（２００５）「フィンランドの基礎教育と教師 教育」『なぜフィンランドの生徒たちは「学力」が高いか』教育科学研究会編，国土社（55─66頁）

●鳥飼久美子（２０１７）「『英語の授業は基本的に英語で行う』方針について」『学術の動向』22巻 11号（78─82頁）https://www.jstage.jst.go.jp/article/tits/22/11/22_11_78/_article/-char/ja/

●中澤歩（２０１４）『なぜ日本の公教育費は少ないのか 教育の公的役割を問いなおす』勁草書房

●成田一（２０１３）『日本人に相応しい英語教育』松柏社

●林桂子・杉谷眞佐子・橋内武（２０１５）「23日本」大谷泰照（編集代表）『国際的に見た外国語教員の養成』東進堂（３２８─３５３頁）

● パッカラ・リッカ（２００８）『フィンランドの教育力 なぜ、PISAで学力世界一になったのか』学研新書
● 伏木久始（２０１１）「フィンランドの教員養成の質を保証する要因」『信州大学教育学部研究紀要集』第４号（25—38頁）
● 村野井仁（２０１２）「第１章英語教育の目的：なぜ英語を学ぶのか」村野井仁・渡辺良典・尾関直子・富田祐一『総合的英語科教育法』成美堂（pp.1-11）
● 文部科学省（２０１７）「学校における働き方改革に関する緊急対策」https://www.mext.go.jp/b_ menu/houdou/29/12/__icsFiles/afieldfile/2017/12/26/1399949_1.pdf
● 文部科学省（２０１８ａ）「学校教員統計調査 - 平成28年度（確定値）結果の概要 -」https:// www.mext.go.jp/component/b_menu/other/__icsFiles/afieldfile/2018/03/28/1395303_03.pdf
● 文部科学省（２０１８ｂ）「公立小学校・中学校教員勤務実態調査研究」https:// www.mext .go.jp/component/a_menu/education/detail/__icsFiles/afieldfile/2018/09/27/1409224_005_1.pdf
● 文部科学白書（２００９）「我が国の教育水準と教育費第２節教育投資の水準」（19—25頁）https://www.mext.go.jp/b_ menu/hakusho/html/hpab200901/1295628_005.pdf
● 米崎里（２０１５）「22フィンランド」大谷泰照（編集代表）『国際的に見た外国語教員の養成』東進堂（３１２—３２４頁）
● 米崎里・伊東治己（２０１０）「フィンランドの小学校の英語教科書分析—Autonomyの視点から—」『小学校英語教育学会紀要』第10号（37—42頁）
● 米崎里・川見和子（２０１８）フィンランドの小学校英語教科書における語彙活動の分析」『中部地区英語教育学会紀要』48（２２９—２３４頁）
● 米崎里・川見和子（２０１９）「使える英語を目指したプラクティスのあり方、進め方—フィンランドの小学校教科書分析から見えてきたもの—」第44回全国英語教育学会京都大会自由研究発表
● 渡邉誠一（２００７）「フィンランドの初等教育教員の養成カリキュラムに関する一考察」『山形大学教職・教育実践研究』第２号（37—42頁）

● Bonnet, G. (Ed.) (2002). The assessment of pupils' abilities in English in eight European countries 2002. European Network of the Policy Makers for the Evaluation Systems. https://www.educacionyfp.gob.es/inee/dam/jcr:d426c134-5c58-44f0-8641-3b5e4354ed37/habilidadesingles2002-1.pdf

● Byram., M. (1997). *Teaching and assessing intercultural communicative competence.* Clevedon: Multilingual Matters.

● EF Education First. (2019). EF English proficiency index. https://www.ef.com/wwen/epi/

● ETS (Educational Testing Service). (2018). Test and score data summary for TOEFL iBT ®Tests: January 2018-December 2018 test data. https://www.ets.org/s/toefl/pdf/ toefl_tsds_data.pdf

● European Commission. (2012). Europeans and their languages. http://ec/europa.eu/ commfr ontoffice/ publ icoppinion/archives/ebs_243_ en.pdf

● European Commission. (2019). Education and training monitor 2019. https://ec. europa.eu/education/ sites/education/files/document-library-docs/volume-1-2019-education-and-training-monitor.pdf

● Eurydice. (2019). Finland: Organisation of private education. https://eacea.ec. europa.eu/national-policies/eurydice/finland/organisation-private-education_en

● FNBE (Finnish National Board of Education). (2013). Teacher education. http://www.oph.fi/english/ education_system/teacher/education

● FNBE (Finnish National Board of Education). (2014). *National core curriculum for basic education 2014.* Helsinki: Author.

● Hancock, L. (2011). Why are Finland's school successful? *Smithsonian Magazine.* https://www.smithsonianmag.com/innovation/why-are-finlands-schools-successful-49859555/

● Hilden, R. & Kantelinen, R. (2012). Language education – foreign languages. In H. Niemi, A.Toom & Kantelinen, R. (Eds), *Miracle of education* (pp. 161- 176). Rotterdam: Sense Publisher.

● Ito, H. (2010). Perception about English language learning among Finnish primary school pupils: Does English language teaching as a subject induce disinterest in English? *Annual Review of English Language Education in Japan, 21*, 231 – 240.

● Ito, H. (2013). An analysis of factors contributing to the success of English language education in Finland: Through questionnaires for students and teachers. *Annual Review of English Language Education in Japan, 24*, 63–75.

● Jaatinen, R. & Saarivirta, T. (2014). The evolution of English language teaching during societal transition in Finland – A mutual relationship or a distinctive process? *Australian Journal of Teacher Education 39* (11), 29–44.

● Kachru, B. (1985). Standards, codification and sociolinguistic realism: The English language in the outer circle. In R. Quirk & H. Widdowson (Eds), *English in the world: Teaching and learning the language and literature* (pp. 11–30). Cambridge: Cambridge University Press.

● Kaikkonen, P. (2001). Intercultural learning through foreign language education. In V. Kohonen, P. Kaikkonen, R. Jaatinen & J. Lehtovaara, *Experiential learning in foreign language education* (pp. 61–105). London: Pearson Education.

● Kohonen, V. (2006). On the notions of the language learner, student and language user in FL education: building the road as we travel. In P. Pietilä, P. Lintunen & H-M. Järvinen (Eds.), *Kielenoppija tänään – Language Learners of Today* (pp.37–66). AfinLAn vuosikirya 2006. Jyväskylä: Suomen soveltavan kielitieteen yhdistyksen julkaisuja no. 64.

● Kupari, P., & Valijarvi, J. (Eds.) (2005) . *Osaaminen kestävällä pohjalla. PISA 2003 Suomessa.* Jyväskylä: Gummerus Oy.

● Leppänen, S., Pitkänen-Huhta, A., Nikula, T., Kytölä, S., Törmäkangas, T., Nissinen, K., et al. (2011). National survey on the English language in Finland: Uses, meanings and attitudes. Helsinki: Studies in Variation, Contacts and Change in English. http://www.helsinki.fi/varieng/series/volumes/05/evarieng-vol5.pdf

● Luukka, M., Pöyhönen, S., Huhta, A., Taalas, P., Tarnanen, M., & Keränen, A. (2008). *Maailma muuttuu – mitä tekee koulu? Äidinkielen ja vieraiden kielten tekstikytänteet koulussa ja vapaa-ajalla.* Jyväskylä: Jyväskylän yliopistopaino.

● Niemi, H. (2012). The social factors contributing to education and schooling in Finland. In H. Niemi, A. Toom & A. Kallioniemi (Eds.), *Miracle of education* (pp. 19-38). Rotterdam: Sense Publisher.

● OECD. (2019). OECD education at a glance 2019. https://www.oecd.org/education/education-at-aglance/

● OECD Data. (2018). Public spending on education. https://data.oecd.org/eduresource/public-spending-on-education.htm

● Richardson, J. (2012). Finland's secret sauce: its teachers. http://blogs.ed week.org/edweek/transforming_learning/2012/11/finlands_secret_sauce_its_teachers.html

● Risku, M. (2014). A historical insight on Finnish education policy from 1944 to 2011. *Italian Journal of Sociology of Education*, *6*(2), 36–68.

● Sahlberg, P. (2010). The secret to Finland's success: educating teachers. Stanford center for opportunity policy in education research brief. Stanford CA: Stanford University School of Education. http://edpolicy.stanford.edu/sites/default/files/publications/secret-finland%E2%80%99s-success-educating-teachers.pdf

● Statistics Finland. (2019). Number of educational instituions fell further, the number of joint schools continued growing. http://www.stat.fi/til/kjarj/2018/kjarj_2018_2019-02-12_tie_001_en.html

● Tomlinson, C, A. (2008). The goals of differentiation. *Educational Leadership, 66*(3), 26-30. http://osu-wams-blogs-uploads.s3.amazonaws.com/blogs.dir/241/files/2009/10/ Tom linson-2008.PDF

● Vossensteyn, H. (2008). Higher education in Finland. IHEM Country report. http://www.utwente.nl/mb/cheps/research/higher_education_monitor/2008%20countryreportfinland.pdf

● Välijärvi, J. (2003). Peruskoululaisten osaaminen ja tassa-arvo kansainvälisessä vertailussa. *Talous and Yhteiskunta*, vol.3/2004, 7–12.

● Välijärvi, J., & Linnakylä, P. (2002). *Tulevaisuuden osaajat, PISA 2000 Suomessa.* Kirjapaino Oma Oy: Jyväskylä.

● Yonezaki, M. (2018). The potential of student-generated questions and answers as scaffolding process for Japanese EFL students' reading. *Journal for the Science of Schooling, 19*, 165-176.

米崎 里　YONEZAKI Michi
2013年、兵庫教育大学大学院連合学校教育学研究科博士課程修了。学校教育学博士。現在、甲南女子大学文学部英語文化学科准教授。主な著書に『アウトプット重視の英語授業』(共著、教育出版)、『EUの言語教育政策　日本の外国語教育への示唆』(共著、くろしお出版)、『国際的にみた外国語教員の養成』(共著、東信堂)などがある。夫婦でフィンランド好きで、森と湖を求めてしばしば足を運んでいる。

フィンランド人は
なぜ「学校教育」だけで英語が話せるのか

2020年3月26日　第1版第1刷　発行

著　者　米崎 里
ブックデザイン　藤田知子

発行所　株式会社亜紀書房
〒101-0051
東京都千代田区神田神保町1-32
電話　(03) 5280-0261
http://www.akishobo.com
振替　00100-9-144037
印　刷　株式会社トライ
http://www.try-sky.com

ISBN978-4-7505-1633-2